T0151610

QU'EST-CE QUE LE TOTALITARISME ?

COMITÉ ÉDITORIAL

CHEMINS PHILOSOPHIQUES

Collection dirigée par Roger POUIVET

Florent BUSSY

QU'EST-CE QUE LE TOTALITARISME ?

Paris

LIBRAIRIE PHILOSOPHIQUE J. VRIN

6, place de la Sorbonne, Ve

2014

H. Arendt, *Le système totalitaire*, dans *Les origines du totalitarisme*, traduction J.-L. Bourget, R. Davreu, P. Levy, révisée par H. Frappat © Paris, Éditions du Seuil, 1972 ; nouvelle édition, Points Essais, 2005, p. 283-286.

George Orwell, *1984*, trad. A. Audiberti, © Paris, Folio-Gallimard, 1950, p. 348-353.

© *Librairie Philosophique J. VRIN,* 2014

Imprimé en France

ISSN 1762-7184

ISBN 978-2-7116-2505-5

www.vrin.fr

QU'EST-CE QUE LE TOTALITARISME ?

INTRODUCTION

Qu'est-ce que le totalitarisme ? En quoi cette question intéresse-t-elle la philosophie et pas seulement les sciences politiques ? En effet, on peut penser que le totalitarisme est une radicalisation des régimes despotiques, tyranniques ou autoritaires, comme on se plaira à les nommer, que seuls le nombre de morts, l'étendue et le caractère systématique de la violence politique l'en distinguent. Et donc que l'appellation nouvelle n'a pas de légitimité véritable et ne sert qu'à repérer que, dans la modernité, les pouvoirs se sont concentrés et ont acquis une puissance inédite, suffisant à expliquer l'extension des atteintes aux droits humains. Pourtant, il est impossible de soutenir qu'il existe seulement entre les gouvernements despotiques et les totalitarismes des différences de degrés et que leurs fondements sont identiques, à savoir les inégalités entre les êtres humains et la force brute à peine médiatisée par des discours relevant de la tradition, de la religion ou du conservatisme politique. Le totalitarisme possède une logique, correspondant à une certaine conception de la sociabilité humaine, il a des fondements propres, qu'une étude des régimes en question et des discours qui les animent permet de mettre en évidence.

La violence extrême de ces régimes ne doit rien au hasard, parce qu'elle constitue bien plus qu'un moyen pour assurer la stabilité de la puissance politique en la protégeant de la contestation, mais est au cœur de l'exercice du pouvoir, devenu idéologique d'une manière inédite. La logique totalitaire consiste à rapprocher, voire à identifier des domaines séparés par la politique moderne, à savoir l'État et la société, le pouvoir et les fins dernières de l'humanité, la morale et le droit, la soumission et la dévotion, en une synthèse tragique. L'idée de « totalité » présente dans le terme de « totalitarisme » pointe cette transformation et permet de rendre compte de la violence intrinsèque et de la radicalité de ces régimes.

Le totalitarisme met en question les fondements de la politique moderne (État de droit et garantie de droits individuels, séparation de la vie publique et de la vie privée), tout en s'inscrivant dans la modernité par de nombreux aspects (centralisme et croissance des pouvoirs, poids de l'idéologie et de la propagande et rupture avec les légitimations traditionnelles de l'autorité, mise en mouvement des masses). Il s'agit d'un mode de gouvernement révolutionnaire, qui s'oppose à toute constitutionnalisation comme à toute routinisation de l'exercice du pouvoir. De plus, il fait de l'uniformité idéologique un objectif permanent et élève l'écart par rapport à la norme, elle-même naturalisée, au rang de crime inexpiable. Il soumet par conséquent la société à des bouleversements de grande ampleur, tant du point de vue directement politique que culturel, social ou industriel, il traque les sources de la division sociale, qu'il se représente comme une maladie, les situe dans des catégories de populations résidant sur son territoire et fait de leur destruction une mission historique. Il transforme de ce fait l'histoire en un champ de bataille et s'enferme dans un fantasme d'unité aux conséquences dramatiques.

La logique du totalitarisme instaure une rupture radicale avec les principes qui inscrivent l'histoire dans la voie de la démocratie et elle élabore une sociabilité fondée sur la disparition de l'individu au profit de masses fanatisées. Elle intéresse la philosophie politique, parce qu'elle constitue une aspiration sans précédent à la totalité dans l'immanence, en gommant les écarts qui permettent de distinguer les hommes entre eux et de les relier dans leurs différences, et elle détruit ainsi les conditions sociales et politiques du vivre-ensemble.

La montée des totalitarismes dans les années d'après guerre, l'affrontement du totalitarisme nazi et des Alliés (démocraties occidentales et totalitarisme soviétique), puis des États-Unis et de l'URSS ont constitué les événements majeurs de la période 1930-1955. Hannah Arendt notait toutefois en 1954 que la conscience de cette importance ne s'était imposée qu'avec la fin de la séquence impérialiste, au moment de l'effondrement de l'Empire britannique :

> L'usage du terme de totalitarisme dans le discours populaire pour dénoncer un mal politique extrême ne remonte guère à plus de cinq ans. Jusqu'à la fin de la Seconde Guerre mondiale et dans les premières années de l'après-guerre, le mal politique était désigné par le terme passe-partout d'impérialisme. Ce dernier terme était alors généralement employé pour signifier l'agressivité en politique extérieure [...]. D'une façon assez analogue, le terme de totalitarisme sert aujourd'hui à désigner la soif de pouvoir, la volonté de

domination et la terreur brute. Cette évolution est en elle-même digne d'attention[1].

Le totalitarisme a suscité de graves polémiques historiques, lesquelles ne sont toujours pas éteintes, puisque toute position à son égard peut impliquer des conséquences directement politiques, dans le contexte de l'affrontement des deux blocs pendant la Guerre froide et aujourd'hui des conflits se rapportant au capitalisme. On reproche à la comparaison inhérente au concept de totalitarisme, entre le nazisme et le communisme soviétique, de rapprocher des régimes très différents par leurs origines, leur histoire et leur idéologie. S'y associent des objections au plan méthodologique et empirique. Il n'est toutefois pas impossible de dépasser ces difficultés, en prenant des précautions répondant point par point aux critiques. Par exemple, concernant les différences empiriques entre les régimes, on peut invoquer qu'une comparaison n'est pas une identification et que les singularités propres à chaque régime n'empêchent par le rapprochement, si on réussit à mettre en évidence qu'une logique semblable est à l'œuvre.

La philosophie politique s'articule ici directement aux études historiques, parce que le totalitarisme ne constitue pas un existant *per se*, mais un événement historique. Il convient donc de proposer une formulation rigoureuse de ce concept et d'en justifier l'emploi, en montrant qu'il permet d'éclairer de manière incontestable les réalités historiques qu'il désigne, parce que sa signification est à la fois précise et complète et son extension limitée. Le concept de totalitarisme n'a de pertinence que parce qu'il met en évidence un extrémisme politique

---

1. H. Arendt, *La nature du totalitarisme*, trad. M.-I. Brudny, Paris, Payot, 1990, p. 80.

en acte et exclut de son champ d'application les régimes autoritaires ayant pour objectif l'inertie politique de la société comme ceux qui ont de grandes ambitions mais ne recourent pas à une violence paroxystique permanente.

Parler d'une logique du totalitarisme, c'est considérer qu'il y a non simplement des points en commun déterminants entre des régimes différents, mais qu'ils sont animés par des principes de même nature, qui constituent une dynamique forte et les engagent dans une révolution permanente des sociétés, en opposition aux régimes constitutionnels, qu'ils soient libéraux, républicains ou socialistes. C'est en priorité sur cette question d'une logique du totalitarisme, que les interrogations philosophiques se sont centrées, pour la réfuter, la nuancer ou en faire au contraire le principe de la compréhension de ces régimes. Il est donc nécessaire, au-delà des critères empiriques ou conceptuels issus de l'étude historique ou politologique, de mettre en évidence l'existence d'une telle logique et d'en comprendre le sens. Chacun des aspects patents des régimes totalitaires peut alors en effet prendre tout son sens, au lieu de rester à l'état isolé et contingent.

Cette différence entre des faits, aussi systématiques soient-ils, et une logique interne est la même qui sépare le travail de l'historien et celui du philosophe, puisque le premier s'en tient à l'objectivité alors que le second cherche à dégager le sens des événements, c'est-à-dire ici la conception politique de la vie humaine et de la vie en société qu'ils mettent en jeu. C'est pourquoi Pierre Bouretz écrit :

> Ayant ainsi compris que l'historien voit légitimement le singulier et la diversification croissante du réel là où le philosophe demande une interprétation des faits dans une perspective de signification, on peut sans doute s'épargner une part de l'affrontement autour du concept de totalitarisme. Loin de

cantonner l'historien dans une sorte d'accumulation primitive des choses offertes à la spéculation du philosophe, une telle répartition des tâches permet en effet d'assurer une complémentarité face à la prudence que requiert la saisie du passé, puisque l'un vient toujours prévenir contre les risques de l'essentialisme au nom du souci documentaire, alors que l'autre peut avertir des dangers d'un oubli de la signification humaine d'une histoire objectivée à l'excès [1].

Dans le cadre d'une distinction des méthodes propres à chaque discipline, on peut dire que le concept de totalitarisme n'a pas la même signification ni la même importance partout. Pour les historiens comme pour les politologues, il permet des rapprochements féconds, mais pour les premiers il constitue un concept parmi d'autres, ayant un intérêt principalement pour les relations que les différents régimes concernés ont entretenues les uns avec les autres, alors que pour les seconds, par sa dimension comparative, il s'intègre parfaitement à une typologie des régimes politiques. Mais c'est dans le cadre de la philosophie politique qu'il acquiert toute sa signification et son importance, puisqu'il révèle une logique, qui permet de comprendre la profondeur des atteintes portées à l'humanité et aux sociétés dans ces régimes, en mettant en évidence que leur ennemi véritable fut l'homme en tant que tel, considéré dans « sa spontanéité » (Arendt), ou les sociétés humaines modernes, différenciées, ayant une existence autonome par rapport au pouvoir et à l'idéologie, et protégées de la violence et de l'arbitraire par une constitutionnalisation générale des relations politiques.

1. P. Bouretz, « Le totalitarisme : un concept philosophique pour la réflexion historique », *Communisme*, n° 47-48, 1996, « La question du totalitarisme », p. 34.

Les régimes totalitaires s'opposent intrinsèquement à la démocratie, le concept n'a d'ailleurs pris toute son importance qu'à partir du moment où l'URSS est passée du camp des Alliés à l'opposition frontale au bloc occidental, puisque tous les traits qu'elle avait en commun avec le nazisme apparaissaient alors au grand jour. Au-delà de la géopolitique, de la soif du pouvoir intervenant dans tous les régimes politiques, il convient donc de percevoir l'importance, dans les régimes totalitaires, de l'idéologie, du rejet de l'hétérodoxe, du refus des différences et de leur représentation politique, la démocratie. Idéologie et terreur y sont associées de manière très étroite. La première donne sa signification à l'organisation dans son ensemble et fixe les cadres mentaux du régime. «L'agressivité du totalitarisme ne naît pas de l'appétit de puissance et son expansionnisme ardent ne vise pas l'expansion pour elle-même, non plus que le profit; leurs raisons sont uniquement idéologiques : il s'agit de rendre le monde cohérent, de prouver le bien-fondé de son sur-sens.» [1] La seconde assure la mise en mouvement permanente de la société et l'exclusion de tous les ennemis – en nombre illimité – de la révolution. «Une fois l'extermination des ennemis réels achevée et la chasse aux "ennemis objectifs" ouverte, alors seulement la terreur devient la substance réelle des régimes totalitaires.» [2]

---

1. H. Arendt, *Le système totalitaire*, dans *Les origines du totalitarisme*, trad. fr. J.-L. Bourget, R. Davreu, P. Levy, révisée par H. Frappat, Paris, Seuil, 2005, p. 276.

2. *Ibid.*, p. 217. Les «ennemis objectifs» désignent les victimes innocentes des régimes totalitaires, définies au gré de l'histoire et dont les rangs ne cessent de grandir, parce que le totalitarisme n'existe qu'en œuvrant à la totalité sociale, par l'élimination de ceux qui, par leur seule existence, sont censés l'empêcher.

L'objectif de ce travail est donc de produire une définition claire du phénomène totalitaire, d'en comprendre la spécificité et de montrer son ancrage dans la modernité. Cela permettra de montrer qu'il est une pathologie de la démocratie et d'interroger à rebours les principes qui doivent être au cœur de cette dernière, si on veut la préserver des tentations de l'absolu en politique, dont le totalitarisme n'aura été qu'un moment.

DÉFINITION DU TOTALITARISME

Un phénomène radical et inédit

Il est nécessaire de définir précisément « le totalitarisme ». Du fait qu'il semble constituer le summum de la domination et de l'arbitraire politiques au XXᵉ siècle, il a été en effet fréquemment galvaudé et employé pour désigner les régimes ne respectant pas les libertés et le droits fondamentaux ou exerçant un pouvoir, pas uniquement politique, d'uniformisation des comportements et des existences. Or, cela n'a pas contribué à l'intelligence politique du phénomène totalitaire, mais l'a banalisé, et n'a pas non plus permis de penser ce qui était apparu dans le monde post-totalitaire.

Le totalitarisme est un phénomène nouveau au XXᵉ siècle. Il s'agit d'un régime révolutionnaire, qui ne se contente pas d'interdire le pluralisme, mais fait entrer la société dans un processus de bouleversement permanent. Les régimes autoritaires se satisfont de l'inertie et de l'immobilisme de la société, alors que les régimes totalitaires recherchent au contraire sa mobilisation maximale et sa soumission à des dogmes idéologiques et discriminatoires. Le XXᵉ siècle a connu de très nombreuses dictatures autoritaires ou policières, mais les régimes totalitaires sont restés rares et on peut dire qu'il n'en existe plus aujourd'hui, ou seulement des restes, en Corée du Nord, sans doute voués à la disparition.

Il est important de mesurer le caractère d'illimité politique du totalitarisme, il ne s'agit pas d'un régime rationnel, animé par le principe de stabilisation de la société et du pouvoir. On ne peut pas lui appliquer sans réductionnisme la grille de lecture machiavélienne, pour en comprendre la violence, puisque celle-ci n'apparaît plus comme un moyen de parvenir au pouvoir et de le conserver, comme le prolongement de la soif du pouvoir des régimes tyranniques fondés sur la peur, mais comme un processus sans fin, puisque ce qu'elle vise c'est une transformation du sens de la vie en société. Ces régimes ne se sont pas « assagis » au cours de leur histoire, mais ont connu au contraire des montées aux extrêmes, dont, tout particulièrement, la dékoulakisation (à partir de 1929) et la famine en Ukraine (1932), les purges soviétiques et les Procès de Moscou (à partir de 1936), le génocide des juifs, le Grand Bond en avant chinois (1959), la Révolution culturelle chinoise (1966), l'évacuation de Pnom Penh (1975) et la famine en Corée du Nord (à partir du début des années 1990). Il est impossible d'invoquer le hasard ou les circonstances (on se demande bien lesquelles) pour expliquer cette radicalisation, laquelle correspond au contraire à une logique, qu'il s'agit de mettre en évidence.

Le statut du concept : de l'histoire à la philosophie

Le « totalitarisme »[1] est un concept qui sert à désigner certains régimes politiques du XXe siècle, caractérisés par une très grande violence. Comme tous les concepts qui rappro-

---

1. Nous mettrons le terme entre guillemets pour désigner le concept.

chent des régimes en fonction de critères saillants, le « totalitarisme » est l'objet de contestations empiriques. Les historiens se demandent souvent si le « totalitarisme » permet d'éclairer des régimes se différenciant par les origines, l'idéologie, la situation économique et l'évolution, qui ont même pu être ennemis, comme l'URSS stalinienne et l'Allemagne nazie, et s'il est souhaitable d'avoir recours à des conceptualisations aussi abstraites. La recherche historique s'intéresse de fait davantage aux réalités empiriques et tend à considérer chaque régime isolément. La remarque est légitime, mais rencontre des limites, parce que les réalités empiriques ne sont pas séparées les unes des autres de manière étanche et parce que la politique extérieure est parfois aussi importante que l'intérieure. De plus, les objections empiriques ne se sont pas toujours bien démarquées d'intérêts politiques et idéologiques, en particulier du côté communiste, où le rapprochement de l'URSS et du nazisme a toujours été considéré comme un crime contre la « Patrie du socialisme » et contre les courants progressistes. Le « totalitarisme » trouve en revanche naturellement sa place dans les sciences politiques qui opèrent une classification des régimes. Ce sont elles qui ont permis de définir des critères objectifs des régimes dits « totalitaires ».

En s'interrogeant sur la signification et les conditions de la déshumanisation collective opérée par les régimes concernés, dans le contexte d'une modernité politique dominée par l'idée de liberté et d'émancipation, la philosophie politique est amenée à accorder au « totalitarisme » une place importante. Pour éviter l'essentialisme, elle ne peut se passer des acquis de l'étude empirique, mais il est difficile d'imaginer que le savoir positif ne conduise pas ici à une réflexion de visée plus large, anthropologique, du fait du caractère révolutionnaire des événements en question. Ainsi Hannah Arendt écrit-elle, concernant l'un des principaux dispositifs des régimes totalitaires : « Décrire les camps de concentration *sine ira* n'est pas être objective, c'est fermer les yeux sur la réalité. [...] En ce sens, je pense que décrire les camps comme l'Enfer sur terre est plus "objectif", c'est-à-dire plus conforme à leur essence que les analyses purement sociologiques ou psychologiques »[1].

Le « totalitarisme » est un « type idéal », notion inventée par Max Weber pour désigner un concept permettant de donner un horizon de sens à la recherche, dans le domaine des sciences sociales et politiques. Le chercheur isole certains aspects communs de réalités empiriquement différentes, en mettant de côté, sans le délaisser, tout ce qui est unique en elles et qui pourrait même contredire cette communauté. « Le totalitarisme » indique ainsi une orientation des régimes en question, au regard du culte de la personnalité, de l'idéologie et de la terreur. Il incarne une aspiration inédite à l'unité sociale au sein de la modernité, par une dénégation permanente de la différence et par une violence sans limites, permettant de faire paraître la conformité de l'être à l'idéologie. En tant que type idéal, le « totalitarisme » ne gomme pas les différences entre les régimes, mais montre que leur comparaison est légitime et éclairante, parce qu'ils sont animés par une logique commune.

Le « totalitarisme », pas plus que la « démocratie », n'est réalisé de manière parfaite dans aucun régime en particulier. Certains se sont toutefois davantage rapprochés, à des moments de leur histoire, du type idéal en question. Inversement, par certains aspects, ils s'en sont éloignés,

---

1. H. Arendt, « Une réponse à Eric Voegelin » (publié dans *The Review of Politics*, 1953), trad. E. Tassin, dans H. Arendt, *Les origines du totalitarisme – Eichmann à Jérusalem*, éd. P. Bouretz, Paris, Gallimard, 2002, p. 969.

comme le nazisme où a partiellement persisté l'autonomie des Églises ou le communisme soviétique avec l'existence de marchés parallèles. Cet écart signifie que, tout en ayant pour fonction de rendre des réalités empiriques intelligibles, en mettant en évidence des traits qui leur sont communs, un concept ne doit pas prétendre en épuiser la signification particulière.

Considérer le « totalitarisme » comme un type idéal, en définissant des critères objectifs des phénomènes étudiés, permet de hiérarchiser des niveaux d'études. On peut en effet admettre que le concept de totalitarisme a une valeur plus descriptive qu'explicative, parce qu'il ne dit à peu près rien, en tant que tel, des origines historiques et de la sociologie des régimes. Et ainsi justifier l'emploi nécessairement circonscrit de son usage par les historiens, sans pourtant lui faire perdre ce qui constitue son principal intérêt, à savoir distinguer un phénomène politique inédit et éviter d'en faire une simple variante de l'éternelle violence humaine ou de l'inscrire dans la continuité des despotismes politiques classiques.

Le « totalitarisme » sert à dire ce que ses contemporains ont tenu pour une rupture historique majeure, une chute dans la barbarie inédite et inquiétante pour l'avenir des sociétés, un coup d'arrêt porté à la culture du progrès. Les études historiques, en montrant les différences importantes entre les régimes dits totalitaires, ne peuvent toutefois pas faire disparaître le choc politique et moral qu'a fait vivre aux consciences éprises de paix, de liberté et de justice leur affrontement et leur persistance par-delà la Seconde Guerre mondiale. Pierre Hassner décrit ainsi ce qui, dans le « totalitarisme », excède toutes les nuances et critiques apportées par les études empiriques des régimes : « Il y a quelque chose qui [...] ne peut être saisi que dans une espèce d'étonnement moral au milieu du

XXᵉ siècle; dans cette espèce de perversion de la rationalité, dans Hitler employant ses camions à détruire les juifs plutôt qu'à faire la guerre, dans Staline décapitant l'armée soviétique à la veille de l'attaque de Hitler, dans cette machine infernale de la grande purge des années 30, des procès de Moscou, des aveux, etc. […]. L'essentiel c'est cette espèce de rage, cette espèce de guerre permanente contre la nature humaine, contre la nature sociale qui doit se trouver un ennemi. […] Ce phénomène qui surgit au milieu d'une société qui a connu le christianisme et la science constitue le sujet du scandale et fait la spécificité du totalitarisme » [1].

La construction d'un type idéal donne parfois lieu à l'objection qu'il s'agirait d'une tautologie, c'est-à-dire d'une proposition dont la conclusion énonce une vérité déjà connue au départ, puisqu'on tire d'une série d'événements des caractéristiques communes qu'on rassemble pour en faire un concept, qu'on applique ensuite aux événements en question pour pouvoir les définir et les expliquer. Mais cette objection ne tient pas compte du fait que le rapprochement de ces événements fait apparaître de manière saillante des caractéristiques communes qui auraient, sans cela, été considérées comme singulières. Un type idéal est un concept des sciences sociales et politiques qui met en évidence des principes et pratiques en commun et qui révèle ainsi des logiques inhérentes aux sociétés ou aux régimes. Le « totalitarisme » met ainsi en avant une logique qui justifie qu'on distingue les régimes concernés de tous les autres régimes politiques, une logique d'unification

---

1. P. Hassner, « Une notion insaisissable mais irremplaçable », dans *Révision de l'histoire. Totalitarismes, crimes et génocides nazis*, Y. Thanasseko, H. Wismann (dir.), Paris, Cerf, 1990, p. 88-89.

sociale autour d'un chef et d'une idéologie, par l'utilisation d'une violence sans limites à l'encontre de la société dans son ensemble et de groupes définis comme des ennemis absolus.

Quels critères ? Quelle convergence ?

Le mot « totalitaire » est employé pour la première fois en mai 1923, par Giovanni Amendola, figure du libéralisme italien, pour qualifier le système électoral fasciste, qui permet d'empêcher l'opposition d'exister, parce que la majorité et la minorité sont décidées à l'avance et composées de fidèles soutiens du parti. L'expression de « système totalitaire » dit que l'ensemble de la société doit avoir une volonté commune et avancer dans la même direction, ce qui souligne le besoin pour le régime fasciste de passer pour légitime du point de vue moderne du peuple. Rapidement, Amendola rapproche le fascisme du bolchevisme, pourtant très éloigné dans l'espace et du point de vue des origines. Mais c'est la réappropriation par Mussolini du terme, à partir de 1925, qui va imposer l'idée de totalitarisme, comme un synonyme d'étatisme extrême. Selon le fascisme, l'État n'est pas une institution artificielle émanant de la nation, comme l'ont compris les penseurs du contrat social, mais apparaît comme ce qui dote la nation d'une volonté. « C'est l'État qui donne au peuple, conscient de sa propre unité, une volonté et par conséquent une existence effective. »[1] Il « fond les classes en un seul bloc économique et moral ».

1. G. Gentile, B. Mussolini, *La Doctrine du fascisme*, dans B. Mussolini, *Œuvres et discours*, trad. M. Croci revue par E. Traverso, Paris, Flammarion, 1935, t. IX, rééd. dans E. Traverso, *Le totalitarisme, le XXᵉ siècle en débat*, Paris, Seuil, 2001, p. 127.

Toutefois, comme le «totalitarisme» désigne une croissance illimitée du pouvoir et de la terreur, il est en fait impossible de le réduire à un étatisme. L'État, avec ses fonctions politiques classiques (droits régaliens), y occupe une fonction subordonnée et devient l'instrument du Parti, lequel a d'autres buts que la seule stabilisation de la domination politique. C'est d'ailleurs une des raisons pour lesquelles la nature totalitaire du fascisme italien reste discutable. Nous y reviendrons.

C'est l'étude de Friedrich et Brzezinski de 1956, *Totalitarian Dictatorship and Autocraty*, qui a fixé les termes du débat, en retenant six caractéristiques spécifiques du «totalitarisme». 1) «une idéologie élaborée qui recouvre tous les aspects vitaux de l'existence humaine» et qui est orientée «vers la perfection d'un état final de l'humanité.» 2) un parti de masse dirigé par un seul homme dont les membres sont dévoués passionnément à l'idéologie. 3) «un système de terreur physique et psychique, sous le contrôle du parti et de la police secrète», dirigé «contre des catégories de la population sélectionnées de façon plus ou moins arbitraire». 4) un monopole de tous les moyens de communication de masse. 5) un monopole absolu de l'utilisation des armes de combat. 6) une direction centralisée de l'économie[1].

Ces caractéristiques montrent que les régimes totalitaires sont animés par une logique de concentration des pouvoirs, d'idéologisation et de massification de la société, et de terreur exercée sur les populations. Les politologues américains

---

1. C. J. Friedrich, Z. Brzezinski, *Totalitarian Dictatorship and Autocraty*, trad. S. Courtine-Denamy, dans E. Traverso, *Le totalitarisme, le XXᵉ siècle en débat*, *op. cit.*, p. 482-483.

insistent toutefois sur l'importance des techniques modernes et non seulement sur l'ambition de contrôle de la pensée qui, disent-ils, a également caractérisé d'autres régimes dans l'histoire, comme les régimes puritains. « La différence spécifique, la nouveauté des régimes totalitaires, consiste dans l'organisation et les méthodes qu'ils développent et qu'ils emploient, grâce aux moyens techniques modernes, pour tenter de ressusciter un tel contrôle au service d'un mouvement dont les motivations sont idéologiques, et destinées à détruire totalement et à reconstruire une société de masse. »[1] Ils prolongent par ailleurs les critiques libérales classiques de la modernité et voient dans la démocratie de masse les sources du despotisme, puisqu'ils montrent que les mouvements totalitaires sont des descendances perverties des organisations démocratiques. « L'idéologie et le parti sont conditionnés par la démocratie moderne. Les dirigeants du totalitarisme eux-mêmes la considèrent comme l'accomplissement de la démocratie, comme la véritable démocratie, qui remplace la démocratie ploutocratique de la bourgeoisie. »[2]

De son côté, Hannah Arendt met en avant deux dimensions centrales dans les régimes totalitaires, l'idéologie et la terreur. Fondé sur l'idéologie, le totalitarisme met en scène ce qu'il prétend être des lois surhumaines dominant et emportant les hommes à travers l'histoire[3]. C'est là un point commun qu'il a avec le positivisme et le behaviorisme du XIXe siècle. « Le "collectivisme" des masses fut salué par ceux qui souhaitaient

---

1. C. J. Friedrich, Z. Brzezinski, *Totalitarian Dictatorship and Autocraty*, *op. cit.*, p. 476. Par « démocratie moderne » il faut entendre que les masses sont intégrées dans la vie politique.

2. *Ibid.*, p. 486.

3. Cf. *infra*, p. 92.

l'apparition de "lois naturelles du développement historique", susceptibles d'éliminer le caractère imprédictible des actions et des conduites individuelles. »[1] Il y a toutefois une différence notable, c'est que les lois totalitaires de l'histoire ne correspondent pas à la recherche de l'intérêt bien compris, n'ont rien de commun avec le bien-être de l'homme entendu dans un sens libéral. Ces lois ne relèvent pas simplement d'une nature humaine qui contredirait les injonctions des moralistes, mais de l'idéologie, c'est-à-dire, pour notre auteur, de la «logique d'une idée», qui impose un carcan de fer, inhumain, à la pensée et à l'action. «Les idéologies admettent toujours le postulat qu'une seule idée suffit à tout expliquer dans le développement à partir de la prémisse, et qu'aucune expérience ne peut enseigner quoi que ce soit, parce que tout est compris dans cette progression cohérente de la déduction logique. »[2]

Mais l'idéologie ne peut jouer un rôle aussi important, soumettre la société à sa domination mentale, que parce qu'elle dispose d'un instrument *ad hoc*, la terreur, sous la forme de la menace permanente, de la surveillance, des meurtres de masses et des camps de concentration – qu'Arendt qualifie de « laboratoires d'expérimentation de la domination totale »[3].

L'idéologie et la terreur sont articulées d'une manière systématique dans l'organisation des masses, qui s'impose aux esprits non pas par la persuasion mais par la force du fait. Parlant de la situation qui précède la prise du pouvoir, Arendt écrit ainsi : «La raison fondamentale de la supériorité de la

1. H. Arendt, *Le système totalitaire*, *op. cit.*, p. 99.
2. *Ibid.*, p. 297.
3. *Ibid.*, p. 241.

propagande totalitaire sur la propagande des autres partis et mouvements est que son contenu, au moins pour les membres du mouvement, n'est plus un problème objectif à propos duquel on peut avoir son opinion, mais est devenu dans leur vie un élément aussi réel et intangible que les règles de l'arithmétique. L'organisation de la texture entière de la vie conformément à une idéologie ne peut être complètement menée à bien que sous un régime totalitaire » [1].

Pour Claude Lefort, le totalitarisme abolit la séparation démocratique des pôles du pouvoir, du savoir et du droit – qui garantit à la fois le pouvoir de l'État de conférer une unité à la société, l'indépendance de la pensée et les libertés publiques – en la personne de l'*Egocrate*, terme qu'il reprend à Soljénitsyne. Staline a ainsi régné « sous les traits d'un individu en qui se réalise fantastiquement l'unité d'une société purement humaine. Avec lui s'institue le miroir parfait de l'*Un*. Tel est ce que suggère le mot *Egocrate* : non pas un maître qui gouverne seul, affranchi des lois, mais celui qui concentre en sa personne la puissance sociale et, en ce sens, apparaît (et s'apparaît) comme s'il n'avait rien en dehors de soi, comme s'il avait absorbé la substance de la société, comme si, *Ego* absolu, il pouvait indéfiniment se dilater sans rencontrer de résistance dans les choses » [2]. Le « totalitarisme » signifie la fin de l'écart entre le pouvoir et la société, l'unité fantasmatique de cette dernière avec elle-même, par l'élimination indéfinie de ses ennemis et sous la conduite du Guide, qui concentre entre ses mains le savoir total, une puissance illimitée et dont la

---

1. H. Arendt, *Le système totalitaire*, *op. cit.*, p. 124-125.
2. Cl. Lefort, *Un homme en trop. Réflexions sur « L'Archipel du Goulag »*, Paris, Seuil, 1976, p. 68.

volonté est la loi unique (ce que les nazis ont appelé
« *Führerprinzip* »). Ainsi Claude Lefort montre-t-il que le
totalitarisme apparaît comme le retour à un corps social,
entendu comme l'intégration de chacun au groupe et comme
l'absence d'individualités indépendantes, par-delà son
effondrement inhérent aux temps démocratiques. « Depuis la
démocratie et contre elle se refait ainsi du corps. Faut-il le
préciser, ce qui se refait est tout différent de ce qui s'était,
autrefois, défait. » [1]

Sans qu'il s'agisse d'une étude empirique des totalitarismes réels, le roman de George Orwell, *1984*, met en avant
des éléments importants pour leur compréhension. Le totalitarisme est, pour Orwell, de nature psychotique. La réalité est
déniée au profit de la fiction, les individus sont surveillés et
conditionnés de manière obsessionnelle, tout acte (même le
plus anodin, comme chanter discrètement [2]), discours ou même
pensée (elle peut se lire sur un visage) qui est non-conforme
donne lieu à une répression sans merci. Ainsi, O'Brien, le
tortionnaire de Winston, lui explique-t-il que la dévotion à Big
Brother doit être totale et aveugle, un acte d'abandon complet
de soi-même, qu'aucune divergence, même la plus infime, ne
saurait être tolérée, sauf à accepter que le régime fondé sur une
unité totale de la société ne s'effondre : « Nous ne nous conten-
tons pas d'une obéissance négative, ni même de la plus abjecte
soumission. Quand, finalement, vous vous rendez à nous, ce

---

1. Cl. Lefort, *L'invention démocratique*, Paris, Fayard, 1994, p. 175.
2. « Winston fut frappé par le fait étrange qu'il n'avait jamais entendu
chanter seul et spontanément, un membre du Parti. Cela aurait paru légèrement
non orthodoxe, ce serait une excentricité dangereuse, comme de se parler à soi-
même. » (George Orwell, *1984*, trad. A. Audiberti, Paris, Gallimard, 1950,
p. 202-203.)

doit être de votre propre volonté. Nous ne détruisons pas l'hérétique, parce qu'il nous résiste. Tant qu'il nous résiste, nous ne le détruisons jamais. Nous le convertissons. Nous captons son âme, nous lui donnons une autre forme. Nous lui enlevons et brûlons tout mal et toute illusion. Nous l'amenons à nous, pas seulement en apparence, mais réellement, de cœur et d'âme. Avant de le tuer, nous en faisons un des nôtres. Il nous est intolérable qu'une pensée erronée puisse exister quelque part dans le monde, quelque secrète et impuissante qu'elle puisse être » [1].

« Totalitarisme », totalité et histoire

Le « totalitarisme » indique que ce qui est visé par les régimes en question, c'est la totalité, le pouvoir total, la société totale, l'union totale de la société et du pouvoir. Cela a conduit à l'objection d'essentialisme. Le « totalitarisme » désignerait un pouvoir qui a réussi à priver une société de toute autonomie, de toute capacité de résister, ce qui serait contredit par l'histoire et donc empiriquement falsifié. Mais aucun des auteurs cités n'a affirmé que les régimes totalitaires étaient immuables. Il y a eu des évolutions dans les totalitarismes, des périodes de brutalité extrême et de relâchement, d'enthousiasme des masses et d'éloignement. En effet, la montée aux extrêmes que désigne le « totalitarisme » est difficilement compatible avec la durée, parce qu'une telle concentration de pouvoir est précaire et parce qu'on ne peut empêcher indéfiniment les hommes d'entretenir des liens et de se démarquer de l'emprise du groupe. Une dictature totalitaire connaît des

---

1. George Orwell, *1984*, *op. cit.*, p. 359-360.

degrés, ce que Stéphane Courtois dénomme totalitarisme de haute et de basse intensités[1].

De plus, le totalitarisme comme incorporation du pouvoir à la société constitue seulement une fiction, la fiction du totalitarisme. Il convient ici de ne pas prendre les régimes totalitaires au mot, tout en comprenant en parallèle que le totalitarisme est bien une réalité historique, parce qu'il désigne une emprise sans précédent du pouvoir sur la société, appuyée sur le principe fantasmatique d'un contrôle total. Si la totalité visée est demeurée une fiction, si l'uniformité sociale n'a jamais été totale, parce qu'elle ne peut sans doute pas l'être, elles ont été des tendances aux effets empiriques catastrophiques. Comme le montre Claude Lefort : « Le concept de totalitarisme permet de repérer le projet neuf d'une domination qui ne laisserait hors de ses prises aucun aspect de la vie sociale et assujettirait les individus au point de leur faire perdre la faculté de juger. En revanche, la croyance qu'un tel projet soit accompli ou puisse s'accomplir me paraît relever du fantasme qui est à sa source »[2].

Pour éviter l'objection essentialiste, l'expression « régime totalitaire » peut avantageusement remplacer le terme de « totalitarisme ». Hassner indique en effet que l'utilisation de l'adjectif a l'avantage de montrer « qu'il n'y a pas de totalitarisme en soi, mais seulement des comportements, des tendances, des logiques, des visées et des résidus totalitaires »[3].

1. S. Courtois, *Communisme et totalitarisme*, Paris, Perrin « Tempus », 2009, p. 439.

2. Cl. Lefort, *L'invention démocratique*, *op. cit.*, p. III.

3. P. Hassner, « Le totalitarisme vu de l'Ouest », dans G. Hermet *et al.*, *Totalitarismes*, Paris, Economica, 1984, p. 33.

QUELS RÉGIMES ?

Démarcation entre régimes autoritaires et totalitaires

Retenant les caractéristiques principales mises en évidence (l'unité totale de la société sous l'égide de l'idéologie et par l'intermédiaire de la destruction des différences), il convient de dire à quels régimes le qualificatif de « totalitaire » peut dès lors légitimement s'appliquer. S'il existe des tendances totalitaires dans de nombreux régimes récents ou présents (Iran Khomeinyste, Albanie de Hoxha, Roumanie de Ceaucescu, Afghanistan des talibans, Kazakhstan) et plus anciens (État vichyste), on ne peut parler de « totalitarisme » que pour cinq à six régimes du XXᵉ siècle.

Pour éviter la confusion, il faut établir une frontière claire entre des régimes autoritaires fondés sur la concentration des pouvoirs entre les mains d'un seul et les régimes totalitaires qui soumettent la société et l'exercice du pouvoir à une idéologisation complète. Un des critères de distinction réside dans la politisation totale, caractéristique des seconds et absente des premiers. « Le régime de Salazar souhaite plutôt "dépolitiser" les hommes, celui de Mussolini ou de Hitler veut les "politiser" ou les "fanatiser" », écrit ainsi Raymond Aron [1]. Dans les régimes autoritaires, l'espace public ne disparaît pas, mais n'autorise pas le pluralisme, parce qu'il est monopolisé par la parole et l'action du pouvoir. Au contraire, avec le totalitarisme, ce qui demeure, ce n'est pas un espace public, mais le champ de la propagande et du fanatisme, c'est le rapport direct entre l'individu et le Chef, la superposition du Parti et de la société, la violence exterminatrice à l'égard des ennemis de la société.

---

1. R. Aron, *Démocratie et totalitarisme*, Paris, Gallimard, 1987, p. 231.

L'affrontement du nazisme et du communisme soviétique avant la Seconde Guerre mondiale et surtout à partir de 1941 a focalisé l'attention des observateurs jusqu'à nos jours, contribuant à laisser partiellement dans l'ombre les autres régimes communistes de terreur, par ailleurs éloignés géographiquement et culturellement de l'Occident, où se sont menés les recherches et les débats concernant le totalitarisme. Pourtant, le Grand Bond en avant et les purges de la Révolution culturelle maoïste, le génocide entrepris par les Khmers rouges, le culte de la personnalité et la fermeture totale de la Corée du Nord ont imposé la reconnaissance d'une logique commune à l'œuvre dans ces cinq régimes. L'un des points saillants de ce rapprochement est la violence exterminatrice de ces régimes, puisqu'ils emprisonnent leurs victimes par millions dans des camps, aux conditions d'existence incompatibles avec la survie. Ils font également tous de l'idéologie et du culte de son représentant le fondement de la société nouvelle, libérée des complots de ses ennemis, traqués et exterminés sans merci.

Le mot « totalitarisme » vient du fascisme italien. Pourtant, le caractère totalitaire de ce dernier demeure problématique.

On ne peut certes négliger le poids du parti de masse dans le fascisme, non plus que les conditions de la régénération italienne qu'il mettait en avant (politisation de toute la société, mise sous tutelle des activités économiques, impérialisme raciste). Emilio Gentile affirme le caractère proprement totalitaire du régime fasciste, mais en adoptant un concept plus proche des « premières définitions antifascistes du totalitarisme » que des travaux d'Hannah Arendt, dans lequel « l'extermination de masse ne rentre pas comme un paramètre décisif de la définition »[1]. De même, François Furet admet l'application du concept de totalitarisme au fascisme, en soulignant qu'il permet « de comprendre mieux comment l'ambition totalitaire peut être contenue à l'intérieur de certaines limites »[2]. Le « totalitarisme » n'est en effet pas incompatible avec l'idée de tendance ou d'aspiration.

Pourtant, il est difficile de considérer l'absence de camps et de violence de masse, dans ce régime, comme un facteur secondaire, parce qu'elle éloigne considérablement le fascisme des autres régimes que nous allons étudier. On ne peut pas non plus négliger qu'à la suite de l'action du Grand Conseil du fascisme, le roi destitua Mussolini et le fit arrêter le 25 juillet 1943, ce qui semblait impensable concernant le nazisme ou l'URSS, où c'est l'*Egocrate* qui constituait le ciment de l'édifice totalitaire.

L'origine, c'est la guerre

Les régimes qui se distinguent par des pratiques de terreur de masse, d'idéologisation totale de la société sont au nombre de cinq au XXe siècle, l'URSS de Lénine à Staline, le nazisme, la Chine maoïste, le Cambodge des Khmers rouges et la Corée du Nord. Ils sont tous issus d'une situation de grand chaos, de guerre civile ouverte ou larvée.

À l'issue de la Première Guerre mondiale, les mouvements totalitaires exploitent le discrédit des institutions démocratiques ou monarchiques en Russie, en Italie, puis en Allemagne,

---

1. E. Gentile, « La vraie nature du fascisme italien », *L'Histoire*, n° 291, octobre 2004, p. 95-96.
2. F. Furet, « Les différents aspects du concept de totalitarisme », *Communisme*, n° 47-48, 1996, « La question du totalitarisme », p. 9.

traçant leur voie entre la république et la tradition. La naissance des premiers totalitarismes est liée à des crises qui désorganisent gravement les sociétés et mettent en péril les institutions politiques en place.

En Russie, suite à la chute de Nicolas II et à la défaite du régime de Kerenski, les bolcheviks prennent le pouvoir. Commence immédiatement une guerre civile qui oppose les communistes aux « Blancs », coalition de socialistes révolutionnaires, de tsaristes et de partisans d'une monarchie constitutionnelle, aidés par de nombreuses puissances occidentales et le Japon. La victoire des bolcheviks en 1923 et l'arrivée au pouvoir de Staline, consécutive à la mort de Lénine en 1924, va radicaliser les pratiques communistes.

En Italie, en réaction aux déceptions de « la victoire mutilée » (Gabriele D'Annunzio), des mouvances nationalistes, constituées en particulier d'anciens combattants, s'agitent et provoquent des violences contre les socialistes et les mouvements ouvriers et paysans. Organisées en « *squadre d'azione* » (escouades d'action) ou en faisceaux, elles sont au fondement du Parti fasciste. Suite à la Marche sur Rome (octobre 1922), Mussolini est chargé de former un gouvernement. Il concentre rapidement entre ses mains tous les pouvoirs et installe une dictature dès 1924.

L'Allemagne d'après-guerre connaît une brutalisation de son espace public avec de nombreux crimes politiques, la République de Weimar voyant son autorité contestée par les groupes d'extrême gauche et la droite conservatrice. Une grave crise économique et monétaire est stabilisée dès 1923, mais le krach boursier de 1929 touche l'Allemagne de plein fouet, contribuant à discréditer profondément le régime et à présenter Hitler comme une alternative.

Le pouvoir communiste chinois s'installe à la tête du pays après la victoire contre l'envahisseur japonais et à la suite d'un long conflit (1927-1949) avec les forces du Kuomintang nationaliste de Tchang Kaï-chek.

En Corée, après la fin de l'occupation japonaise, le pays est séparé en deux au niveau du 38ᵉ parallèle et occupé par les Soviétiques au nord et les Américains au sud. La guerre fratricide et idéologique (1950-1953) qui implique les deux grandes puissances ainsi que de nombreux pays occidentaux du côté américain et la Chine du côté soviétique, se solde par un *statu quo* territorial et l'installation durable d'un régime communiste au nord.

Au Cambodge, suite à la guerre civile qui, entre 1967 et 1975, oppose d'un côté la République khmère de Lon Nol issue d'un coup d'État contre le prince Sihanouk et soutenue par les Américains et une coalition instable des partisans de ce dernier et de la guérilla communiste, appuyée par le Nord-Vietnam, le 17 avril 1975, les Khmers rouges entrent dans Pnom Penh, qu'ils vident immédiatement de sa population, sous le prétexte de bombardements américains imminents et installent un régime communiste radical.

En Europe, la violence de la Première Guerre mondiale a désorienté et désorganisé massivement les sociétés européennes. Mais on ne peut pas dire pour autant que les totalitarismes en procèdent mécaniquement, parce que les nations ont souvent connu une union sacrée, opposée à la logique de guerre civile créée par les mouvements totalitaires. De plus, la guerre ne visait pas l'extermination des peuples. Le totalitarisme ne s'est imposé que parce qu'il existait dans ces pays des mouvements extrémistes constitués et parce que la guerre a créé les conditions favorables de leur succès. Lénine a ainsi exploité la désorganisation de la Russie qui a favorisé la chute du tsarisme au cours de l'année 1917 et les défaillances des différents gouvernements à tendance libérale de la Révolution de février.

En Corée comme au Cambodge, l'appui des pays communistes (Chine, URSS) a été déterminant, mais c'est l'existence de mouvements idéologiques déterminés, associée à des victoires militaires, qui a conduit à l'installation de régimes totalitaires. De plus, dans toute l'Asie, la Révolution soviétique a eu une importance capitale, parce qu'elle a constitué une source d'inspiration pour tous les autres régimes communistes.

DESCRIPTIONS DES RÉGIMES

Le « totalitarisme » met en évidence une logique commune à des événements inouïs. On peut repérer dans les régimes que nous avons cités des caractéristiques similaires concernant à la fois la violence politique et la soumission de la société à l'idéologie.

L'Union soviétique de Lénine et Staline

L'URSS est historiquement le premier régime totalitaire, elle a largement constitué la matrice des régimes ultérieurs. Le « communisme de guerre » a posé les fondements d'un régime centralisé et idéologique de terreur. Au cours de son histoire, le totalitarisme soviétique va s'affirmer, avec l'apparition du culte du Chef (« Vive le guide suprême de la révolution mondiale, le camarade Staline ! »), d'une terreur de nature génocidaire (famine en Ukraine, généralisation du Goulag), d'une idéologisation de l'exercice du pouvoir (collectivisation totale de l'économie et des campagnes malgré les échecs), de purges massives à l'intérieur du Parti et de l'appareil d'État. La

jeunesse est embrigadée, depuis l'âge de 9 ans (organisation des pionniers jusqu'à 14 ans, puis *Komsomol*). Les
polices politiques exercent leur surveillance sur l'ensemble de
la société. La collectivisation de l'industrie et des campagnes,
avec l'abandon de la NEP à la fin des années 20, implique une
centralisation de toute l'économie et conduit, afin de faire
comme si les engagements pris étaient tenus, à une généralisation du mensonge à tous les échelons de l'appareil productif.

Guidée par Staline, la société soviétique devait arriver
rapidement au communisme (« chacun selon ses besoins. »),
c'est-à-dire au dépassement de la pénurie, grâce à la méca-
nisation et l'électrification. Selon Lénine, le passage du
socialisme au communisme suppose que les travailleurs aient
intégré la nécessité sociale du travail au point qu'aucune
contrainte extérieure ne soit plus nécessaire. Il n'y a plus
d'État, c'est-à-dire de pouvoir séparé, parce que le peuple
s'organise et se surveille lui-même. « Quand *tous* auront appris
à administrer et administreront effectivement eux-mêmes la
production sociale, quand tous procéderont eux-mêmes à
l'enregistrement et au contrôle des parasites, des fils à papa,
des filous et autres "gardiens des traditions du capitalisme", se
soustraire à cet enregistrement et à ce contrôle exercés par le
peuple entier sera à coup sûr d'une difficulté si incroyable et
d'une si exceptionnelle rareté, cela entraînera vraisembla-
blement un châtiment si prompt et si rude (les ouvriers armés
ont un sens pratique de la vie ; ils ne sont pas de petits intellectuels sentimentaux et ne permettront sûrement pas qu'on
plaisante avec eux), que la *nécessité* d'observer les règles,
simples mais essentielles, de toute société humaine deviendra

très vite une *habitude* »[1]. Cette description léniniste du communisme ne laisse plus subsister aucune initiative, aucune liberté personnelle. On est passé de l'État comme instrument d'oppression dans les régimes capitalistes à la société du dépassement de l'État, mais de surveillance totalitaire.

Soljénitsyne a montré que, dès 1926, le code pénal soviétique introduisait la notion d'«ennemis du prolétariat» et rendait possible, sous cette rubrique, une inculpation quasi universelle. «L'article 58 comprenait quatorze paragraphes. Le premier nous apprend que doit être considérée comme contre-révolutionnaire toute action – et, aux termes de l'article 6, toute inaction – tendant […] à l'affaiblissement du pouvoir […]. Interprétation large : dans un camp, le refus d'aller au travail quand vous êtes affamé et exténué tend à l'affaiblissement du pouvoir. Donc vous serez fusillé. (Exécution des *"refus de travail"* pendant la guerre.) »[2]

Le totalitarisme soviétique se caractérise par une concentration des pouvoirs, un fétichisme de la révolution et une terreur illimitée. La collectivisation de l'industrie et des campagnes se fait par la violence, les prétendus propriétaires terriens (les *koulaks*) étant persécutés voire exterminés ainsi que leurs familles, en Ukraine principalement (plusieurs millions de personnes meurent de famine entre 1931 et 1933, sans que de mauvaises récoltes ne soient en cause). À partir de 1936, le totalitarisme soviétique exerce toute sa brutalité à l'égard des membres du Parti communiste et de l'armée.

---

1. Lénine, *L'État et la révolution* (1917), Paris-Moscou, Éditions sociales-Éditions du progrès, 1975, p. 156-157.
2. A. Soljénitsyne, *L'archipel du Goulag, 1918-1956, essai d'investigation littéraire*, volume 1, trad. G. Johannet, Paris, Seuil, 1991, p. 62.

Les chiffres sont très controversés, mais on estime à plus d'un million le nombre de victimes des grandes purges.

Pendant toutes les années 30, l'opposition de l'URSS au fascisme et au nazisme est très forte. En Espagne, les belligérants sont épaulés voire noyautés par les régimes totalitaires. Pourtant, Staline signe avec Hitler un pacte de non-agression le 23 août 1939. Si l'Angleterre et la France déclarent la guerre à l'Allemagne nazie, l'URSS s'engage à ne pas attaquer l'Allemagne. Des protocoles secrets non révélés avant la fin de la guerre indiquent par ailleurs les sphères d'influence respectives des deux pays dans l'espace les séparant (Pays Baltes, Pologne, Scandinavie, Roumanie). Le 28 septembre, après l'invasion de la Pologne par l'Allemagne puis l'URSS, les deux pays signent le traité germano-soviétique de « délimitation et d'amitié », qui définit les frontières entre eux. On est tenté de parler de « pacte totalitaire », mais les intérêts géopolitiques semblent avoir joué un grand rôle dans cette signature, Staline n'ayant plus confiance, après le sommet de Munich où l'URSS n'a pas été conviée, dans le pouvoir de la France et de l'Angleterre de contenir Hitler. La capacité de l'URSS et de l'Allemagne nazie de s'entendre sur le dos des démocraties, de trahir leurs engagements et de mettre de côté leurs oppositions idéologiques pourtant radicales, ne doit pas être négligée. Mais le réalisme politique n'explique pas tout. Bernard Bruneteau montre ainsi qu'il convient de parler de « realpolitik totalitaire » : la signature soviétique des pactes avec l'Allemagne nazie peut être comprise selon plusieurs points de vue : révolutionnaire léniniste – susciter des conflits entre impérialismes et conduire à la ruine des démocraties occidentales ; géopolitique ; et totalitaire – logique commune aux deux régimes qui les rend « capables de supporter, grâce au monopole de la propagande et au pouvoir de la coercition, la réprobation et le trouble occasionnés parmi leurs fidèles et au sein de leurs sociétés »[1]. L'URSS n'est pas un régime monolithique, elle a une histoire, toutefois les pactes avec l'Allemagne nazie n'impliquent pas d'écarter l'idéologie, mais seulement de la mettre partiellement ou provisoirement entre parenthèses[2].

Le communisme soviétique a cessé d'être totalitaire, de manière progressive, d'abord avec la déstalinisation opérée par Khrouchtchev, puis à partir des années 60, avec la dissidence, l'expulsion de Soljénitsyne et la renaissance partielle d'une société civile. Dans les années 70, on jetait l'opprobre sur les opposants, alors que, dans les années 1930, on inventait des criminels imaginaires pour accomplir la révolution en les éliminant. Vaclav Havel parle de « système totalitaire tardif » pour désigner l'époque où le communisme a renoncé à l'enthousiasme des masses et à la terreur. À la révolution totalitaire permanente ont succédé « l'immobilisme borné […], l'anonymat bureaucratique et le stéréotype creux »[3].

L'Allemagne nazie

Arrivé au pouvoir légalement en janvier 1933, Hitler concentre rapidement entre ses mains tous les pouvoirs (le 23 mars, il obtient des pouvoirs spéciaux pour 4 ans, qui sont le point de départ de la dictature nazie). En mai, le premier autodafé est organisé, des livres d'auteurs juifs, marxistes ou

1. B. Bruneteau, *L'âge totalitaire, idées reçues sur le totalitarisme*, Paris, Le Cavalier Bleu, 2011, p. 137-138.

2. De même, après l'invasion du territoire soviétique par les troupes allemandes, Staline a redonné une place capitale au nationalisme russe et même à l'Église orthodoxe, sans pourtant renier le passé. Avec la fin de la guerre, le régime allait redevenir pleinement totalitaire.

3. V. Havel, « Histoires et totalitarisme », dans *Essais politiques*, Paris, Éditions du Seuil, 1991, p. 165.

pacifistes sont brûlés en public. Le 14 juillet, le parti nazi est le seul autorisé. Le pouvoir est centralisé et un an après l'arrivée d'Hitler au pouvoir, l'autonomie des Länder est révoquée. Avec la mort du Président Hindenburg, en août 1934, qui avait nommé Hitler chancelier, le dernier lien avec la République de Weimar et la légalité ancienne est rompu. Le 19 août 1934, un plébiscite de 90% donne le pouvoir absolu à Hitler.

Le culte de la personnalité se met en place. Hitler exige qu'un serment à l'égard de sa personne soit prononcé par les fonctionnaires et les militaires, comme il l'avait imposé à l'intérieur du parti avant la prise du pouvoir. Dès janvier 1934, il devient le « *Führer* » du nouveau *Reich*. Les moyens de propagande se développent. La radio fait entrer la parole d'Hitler dans les foyers et les usines. Les congrès du parti nazi donnent lieu à de gigantesques manifestations de masse à Nuremberg, dont la Cathédrale de Lumière est l'apothéose. La devise du nouveau régime : « *Ein Volk, ein Reich, ein Führer* » s'exprime alors pleinement. Au cours des années qui précèdent la guerre, l'ensemble de la société et de l'appareil d'État est mis au pas, la jeunesse, les travailleurs, l'armée. Le salut nazi devient obligatoire et la surveillance des Allemands permanente. L'économie est mise au service des objectifs idéologiques du parti et l'industrie militaire est relancée, en violation du Traité de Versailles. Les conservateurs qui ont permis à Hitler de parvenir au pouvoir sont écartés.

Les persécutions contre les communistes, les juifs, les handicapés, les homosexuels commencent tout de suite. Le premier camp de concentration est ouvert à Dachau en mars 1933. Y sont enfermés les communistes, les sociaux-démocrates et les syndicalistes. Mais c'est surtout avec les lois de Nuremberg de septembre 1935 qu'un antisémitisme radical s'installe à la tête du régime. Ayant pour but « la protection du sang et de l'honneur allemand », elles interdisent aux juifs l'accès à la fonction publique, l'entrée dans l'armée ou l'exercice des professions libérales. Déchus de leur nationalité allemande, même quand ils sont d'anciens combattants de la Première Guerre ou qu'ils sont mariés à des non-juifs, ils sont soumis à une ségrégation stricte. Une loi d'aryanisation de l'économie de 1937 les exproprie de leurs entreprises. Les persécutions vont conduire nombre d'entre eux à émigrer en Amérique ou en Europe de l'Ouest. Mais c'est avec la « Nuit de Cristal » (9-10 novembre 1938), organisée par Goebbels, le ministre de la propagande d'Hitler, que la violence contre les juifs se déchaîne, avec la déportation de plus de 30 000 d'entre eux dans des camps de concentration.

Sur le plan international, Hitler mène dès le début une politique d'isolement (l'Allemagne quitte la SDN en novembre 1933), de propagande (Jeux olympiques de Berlin en 1936), d'audace (politique du fait accompli, avec le rétablissement du service militaire obligatoire, l'augmentation des effectifs militaires) et de défi (réarmement de la Rhénanie, franchissement du Rhin en violation du Traité de Versailles). N'hésitant pas à recourir à la provocation et au mensonge, de 1936 à la guerre, il ne cessera d'accroître sa puissance en Europe, en tablant sur la volonté des anciens ennemis de l'Allemagne de préserver la paix. De l'*Anschluss* avec l'Autriche (mars 1938) à l'annexion de la Slovaquie et de la Bohême-Moravie (mars 1939), en passant par la crise des Sudètes et les Accords de Munich (septembre 1938), Hitler remporte des victoires concrètes et symboliques importantes. L'entrée de la Wehrmacht dans ces pays y introduit la politique totalitaire et antisémite, des camps de concentration y étant immédiatement créés.

La société allemande a été systématiquement mise à contribution par le régime, soit par la ferveur populaire des grandes manifestations de masse, soit par l'encadrement et la surveillance qu'on lui a demandé d'assurer. Le volontarisme d'Hitler, son opposition au *diktat* de Versailles, ses succès économiques (avec la réduction du chômage) et diplomatiques, le rétablissement de l'ordre public après l'instabilité dont avait eu à souffrir l'Allemagne sous la République de Weimar, lui ont permis de bénéficier d'un soutien puissant des populations. Le nazisme a réussi à créer une atmosphère messianique, autour de la personne d'Hitler, *Führer* d'une nation destinée à régner sur l'Europe. « C'est en lui que se réalise l'esprit du peuple et se forme la volonté du peuple ; c'est en lui que le peuple, englobant tous les individus et dès lors jamais rassemblé concrètement dans sa totalité, acquiert sa forme visible. Il est le représentant du peuple. » [1]

Le régime nazi est belliqueux et expansionniste, parce qu'il est fondé sur des principes racistes. Hitler a signé avec Staline des pactes lui permettant d'obtenir la neutralité soviétique au moment de son invasion de la Pologne. Il est entré en guerre avec l'intention d'accroître l'espace disponible pour le peuple allemand. Assuré de sa puissance par sa victoire contre la France, il lance une attaque surprise contre l'URSS en juin 1941 et harcèle l'Angleterre par la voie des airs jusqu'au retournement final.

La guerre est pour lui l'occasion de persécuter les juifs à l'échelle de l'Europe et il lance à partir de 1941 une politique d'extermination de masse. Auschwitz et les quatre autres camps d'extermination situés en Pologne ont servi à tuer environ 3 millions de personnes, de tout âge et de toute nationalité, mais quasiment exclusivement juives et tsiganes. Plus de deux autres millions de personnes ont été fusillées par les *Einsatzgruppen* (groupes d'intervention) dans toute l'Europe de l'Est, en Ukraine et en Russie. Auschwitz est resté dans les mémoires comme l'apogée de la barbarie nazie. Mais la *Shoah*

---

1. Cité par E. Voegelin, *Les religions politiques*, trad. J. Schmutz, Paris, Cerf, 1994, p. 96.

est-elle un crime lié au totalitarisme ou une spécificité du nazisme? Peut-on ainsi comparer Auschwitz et le Goulag ou les camps cambodgiens?

L'extermination de masse des juifs dans des camps est unique dans l'histoire. Le régime nazi était raciste. C'est sur ces fondements que l'extermination des juifs a été entreprise. Des trains ont circulé vers la Pologne à partir de tous les pays d'Europe pendant 4 ans, emportant vers la mort des centaines de milliers d'enfants, de femmes, de vieillards, d'hommes invalides comme valides. La politique de ghettoïsation a été la première étape de cette extermination organisée. À l'arrivée des trains, les SS armés de matraques forçaient les occupants des wagons à se diriger vers des bâtiments où ils devaient se déshabiller, où ils étaient tondus et, immédiatement après, gazés, puis brûlés. En l'espace de quelques heures, plusieurs milliers de personnes étaient ainsi tuées et réduites en cendres.

Dans les autres régimes que nous étudions, il n'y a pas eu d'équivalent, la mort avait des causes plus variées et était souvent plus lente. Elle s'accompagnait de persécutions, de mauvais traitements, de tortures et de conditions de vie et de travail épouvantables dans des camps de concentration construits dans des régions parfois très inhospitalières, comme la Kolyma ou la Sibérie en URSS. Mais si ces régimes étaient communistes, ils ont aussi eu des pratiques racistes et génocidaires, parce qu'ils ont assimilé des populations entières à des suppôts de l'exploitation capitaliste (l'Ukraine, le grenier à blé de la Russie, a ainsi été désignée par Staline comme la république où se concentraient les koulaks, les «riches paysans exploiteurs»; les Khmers rouges ont fait des popula-tions urbaines, parfois récentes, puisqu'elles avaient fui les zones de combat, le «peuple nouveau» aux mœurs déca-dentes, consacrant ses activités à l'enrichissement et à l'exploitation).

Les différences indiquées justifient-elles toutefois d'interdire le rapprochement entre les camps d'extermination nazis et les camps de travail soviétiques ou cambodgiens, ou encore les communes chinoises ? Le nombre de morts provoqués par la déportation en Sibérie, dans les campagnes cambodgiennes ou le Grand Bond en avant maoïste a été tout aussi important. On incrimine parfois l'incurie des régimes communistes, plutôt que la volonté délibérer de tuer, en particulier dans le cas de la Chine. Mais il convient de rappeler qu'on peut tuer quelqu'un en le soumettant délibérément à des conditions de vie ou de travail incompatibles avec la survie. Dans le cas chinois, l'entêtement de Mao dans la folie de la collectivisation de l'agriculture, la persécution de ceux qui y mirent fin (Liu Shaoqi, Deng Xiaoping) laquelle s'acheva avec la Révolution culturelle en 1966, conduisent à penser que les dizaines de millions de morts des années 1958-1961 (les chiffres ne sont pas fiables et varient entre 30 et 50 millions) ne doivent rien au hasard, mais sont le produit d'une volonté de soumettre la réalité à l'idéologie, quel qu'en soit le prix, et de se débarrasser des prétendues classes possédantes, des « opportunistes droitiers » et des paysans accusés de dissimuler le grain qu'ils produisaient. La famine en Ukraine avait les mêmes causes. Soljénitsyne a ainsi parlé d'« extermination par le travail » dans les camps du Goulag et Stéphane Courtois de « génocide de classes ».

La Corée du Nord

Le régime totalitaire de Corée du Nord a été fondé en 1948 et subsiste aujourd'hui encore. Les informations disponibles le concernant sont très partielles et proviennent principalement de réfugiés. Dès 1949, Kim Il-sung, installé à la tête du pays par les Soviétiques, pose les fondements du culte de la personnalité qui marque l'histoire du pays jusqu'à nos jours. Le « Grand Leader » présente la théorie du « *Juché* » (littéralement du "sujet"), qui est encore l'idéologie nationale, un mélange de nationalisme et de prétention à l'autosuffisance, paradoxalement appuyée sur les livraisons très bon marché de matières premières et de pétrole soviétiques et chinois. Cette doctrine proclame que l'on ne doit compter que sur ses propres forces. Il y a là quelque chose de commun avec le maoïsme et l'idéologie des Khmers rouges, comme nous allons le voir, en parlant de ces régimes.

Le régime pratique depuis soixante ans un culte de la personnalité extrême. L'effigie des dirigeants successifs se trouve partout, jusque dans les foyers. Les travailleurs doivent étudier plusieurs heures par jour les écrits du Grand Leader. Une statue monumentale de Kim Il-sung a été construite à Pyongyang par son fils et successeur Kim Jong-il, elle était initialement recouverte d'or, mais en visite en 1979, le Président chinois Deng Xiaoping exige que cesse cette absurdité. Aujourd'hui encore, les quelques milliers de touristes qui visitent la Corée du Nord doivent commencer par se rendre devant la statue du fondateur du régime afin de lui rendre hommage. D'ailleurs, alors qu'il est mort en 1994, il est toujours considéré comme le Président éternel de la Corée du Nord. Son petit-fils, Kim Jong-un, a succédé à son fils décédé en décembre 2011.

La Corée du Nord est un régime à l'économie sous-développée. Les avenues de Pyongyang sont monumentales, mais très peu de voitures y circulent. Des policières chargées de réguler la circulation semblent jouer un pantomime en pleine rue. L'industrie militaire est sur-dimensionnée. Kim Jong-il a créé et développé, en 1998, la politique de Songun, qui accorde la priorité au renforcement de l'armée dans la construction du socialisme nord-coréen. Depuis plus d'une décennie, le régime nord-coréen pratique une politique de chantage à l'égard de la communauté internationale, en réalisant des essais nucléaires et en développant des missiles pouvant atteindre le territoire de la Corée du Sud. Il obtient ainsi des aides qui lui permettent de faire face aux graves pénuries dont sa population est victime.

Dans les années 1997-1998, une importante famine a touché le pays, causant la mort de plusieurs millions de personnes (sur une population globale estimée de 23 millions d'habitants). La collectivisation forcée des campagnes, héritée du stalinisme et du Grand Bond en avant maoïste, a produit ces résultats désastreux. Les populations contraintes de rester dans leurs villages sont mortes de faim. Les mêmes scènes que dans la Chine maoïste se sont produites : populations à la recherche de toutes nourritures de substitution, insectes, racines, écorces, feuilles, cannibalisme. Les familles des éventuels fuyards ont été exécutées ou envoyées dans des camps, où sont enfermés les opposants ou les simples critiques du régime, qu'on estime à plusieurs centaines de milliers. Des familles entières essaient pourtant de rejoindre la Chine ou d'obtenir de l'aide de parents résidant de l'autre côté de la frontière.

La Corée du Nord a fait construire des bâtiments monumentaux, des théâtres, le plus grand stade du monde, lequel ne sert que pour des manifestations staliniennes à la gloire du régime et de son chef. L'utopie collectiviste du *Juché* est vantée en permanence, jusqu'à la folie. En 1977, Kim Il-sung déclare officiellement que la Corée du Nord est le premier paradis sur terre. Alors qu'on peut voir « des magasins déserts, approvisionnés en légumes en plastique »[1]. Elle semble en proie à une forme de psychose paranoïaque : fermeture hermétique du pays (brouillage des ondes, gommage de la provenance des marchandises importées), surveillance obsessionnelle, auto-célébration permanente de la grandeur du régime et

---

1. J. Becker, *La famine en Corée du Nord*, trad. D. Luccioni, Paris, L'Esprit frappeur, 1998, p. 67.

de son chef. Ce régime paraîtrait comique, si une tragédie permanente ne s'y jouait pas. Il exacerbe le caractère bavard des totalitarismes, tous occupés à se mettre eux-mêmes en scène, comme la pointe avancée de la révolution mondiale.

La Chine maoïste

Mao Zedong est un révolutionnaire qui s'est imposé dans l'appareil du Parti communiste chinois entre les années 20 et 40, en pratiquant une politique de terreur à grande échelle à l'encontre des militants (les morts dont il est responsable se comptent par centaines de milliers dès ces années). À partir de 1945, il est le chef incontesté du parti, tant du point de vue de l'autorité politique que de la doctrine. En 1949, après la victoire contre les nationalistes, Mao devient le premier président de la République populaire de Chine.

Jusqu'à sa mort en 1976, il ne cesse d'occuper le premier rôle, malgré de graves difficultés et des périodes de contestation de son autorité. Et cela grâce à une politique de purges et de violences inouïes contre ses opposants. En 1957, pendant la campagne des « Cent fleurs », les Chinois sont invités à exprimer leurs opinions. Mais devant l'ampleur des critiques, la campagne est arrêtée et une répression sanglante s'abat sur le pays. Mao cultivera par la suite un profond ressentiment à l'égard des intellectuels.

En 1958, Mao lance la collectivisation générale des campagnes devant permettre de rattraper en quelques années du point de vue économique les grands pays développés. C'est le Grand Bond en avant, qui a pour objectif d'accroître de manière miraculeuse la productivité agricole et la production d'acier dans de petits hauts fourneaux où les paysans doivent apporter l'ensemble du métal qu'ils sont capables de dénicher. Rien ne doit résister à la volonté et à l'énergie du peuple, aucune étape ni aucune préparation n'est nécessaire. Mao s'appuie sur les théories délirantes de l'agronome soviétique

Lyssenko. La science devient le prolongement de doctrines politiques. La lutte des classes doit ainsi s'appliquer dans les sciences du vivant. Mao « croyait tout à fait sérieusement que les plantes d'une même "classe" n'entreraient jamais en compétition les unes avec les autres pour la lumière ou la nourriture. » [1] D'où la pratique des semis serrés, devant permettre d'économiser les terres et d'accroître les rendements à l'hectare. Pour complaire à Mao, lors de ses visites dans des campagnes, on pique des plants de riz de manière très étroite pour faire apparaître la validité de cette doctrine. Dans la réalité, les céréales ainsi semées ne poussent pas. Face aux échos que Mao reçoit tout de même de la catastrophe en cours, il incrimine les paysans eux-mêmes, qu'il accuse de cacher le grain qu'ils produisent et de souhaiter le retour de l'ancien régime, et dont il stigmatise les savoirs et les traditions. Il interdit ainsi la distribution des réserves abondantes pourtant disponibles. On estime entre 30 et 50 millions le nombre de morts dûs aux famines qui s'en sont suivies et aux persécutions provoquées par le déni de la réalité. La collectivisation chinoise des campagnes est à ce jour la plus grande catastrophe humanitaire de l'histoire.

L'autorité de Mao en sort ébranlée, pourtant il n'est pas destitué et on rend plus souvent les exécutants de sa politique que lui-même responsables de ce désastre. Il doit renoncer au titre de président de la République, et s'il conserve celui de président du Comité central du Parti, il s'agit d'une dignité essentiellement formelle, l'autorité sur le Parti appartenant au Secrétaire général, Deng Xiaoping. En 1966, commence

---

1. J. Becker, *La grande famine de Mao*, trad. M. Pencréac'h, Paris, Dagorno, 1998, p. 107.

toutefois la Révolution culturelle, que Mao mène de mains de maître, pour reprendre le pouvoir en évinçant ses opposants, dont le principal est Liu Shaoqi, Président de la république depuis 1959, qui a mis fin au Grand Bond. Mao appelle la jeunesse communiste à se révolter contre les cadres corrompus, au nom de l'idéal révolutionnaire. Les « gardes rouges » font « feu sur le quartier général » et destituent le Président Liu Shaoqi, surnommé « l'ennemi capitaliste n° 1 ». Purge à une échelle inédite, la Révolution culturelle envoie les intellectuels travailler dans les campagnes, afin de lutter contre leurs tendances individualistes. On estime à plusieurs millions le nombre des victimes de cette purge qui durera jusqu'à la mort de Mao en 1976. Tous ceux qui se sont opposés à son pouvoir et mis fin au Grand Bond disparaissent, à part, de manière inexpliquée, Deng Xiaoping, qui deviendra le premier personnage de l'État chinois à la fin des années 1970.

Entre 1966 et 1976, le pouvoir de Mao, le « *Grand Timonier* » de l'Histoire, donne lieu à un culte de la personnalité qui dépasse les frontières de la Chine et conquiert les esprits de nombreux jeunes cultivés en Occident. La longévité politique de Mao a quelque chose de surprenant au regard des désastres humains qu'il a occasionnés et qui lui ont valu plusieurs épisodes de disgrâce partielle. La Chine maoïste contribue à montrer que le totalitarisme ne désigne pas un type de régime monolithique, mais qu'une histoire mouvementée est compatible avec une organisation politique exerçant un pouvoir absolu sur la société, par la terreur et l'idéologie. L'histoire du communisme chinois jusqu'à la mort de Mao en 1976 se ramène de manière permanente à un aspect de sa personnalité, à savoir une approche idéaliste et volontariste très éloignée du marxisme, mais héritée de la logique de guérilla paysanne menée dans l'isolement et le dénuement, et qui l'a conduit au pouvoir[1]. Cette approche s'est incarnée jusqu'à la folie dans le Grand Bond en avant, sans doute l'un des événements les plus marquants des totalitarismes que nous étudions.

Le Cambodge des Khmers rouges

Quand les Khmers rouges prennent le pouvoir en 1975, ils instaurent immédiatement une dictature, largement inspirée du maoïsme, mais radicalisée par une dimension ouvertement génocidaire, puisqu'une partie de la population (le « peuple nouveau », c'est-à-dire les citadins – et tout particulièrement les intellectuels, médecins et professeurs –, assimilés à l'économie capitaliste et à la corruption) est désignée comme devant être soit rééduquée soit éliminée, ce qui voulait à peu près dire la même chose. Les traditions religieuses sont également persécutées. Le régime des Khmers rouges, détruit au bout de 3 ans et demi seulement, suite à l'invasion du Cambodge par l'armée vietnamienne, est radical par ses objectifs et ses pratiques, puisqu'il s'agit pour lui de réaliser l'égalité totale et d'écarter les obstacles s'y opposant, en liquidant tous les restes de la tradition et du capitalisme. La monnaie, la propriété privée, en particulier de la terre, la famille, la religion sont ainsi purement et simplement abolies.

---

1. « Mal à l'aise et perdant pied devant l'autorité des "spécialistes" lorsque les problèmes sont posés en termes neufs, et pour lui étrangers, d'économie et de technologie, il cherche à tout prix à ramener la lutte sur le seul terrain qui lui soit familier, ce terroir paysan, théâtre de l'épopée de sa jeunesse. Il préfère freiner et bloquer l'évolution du pays plutôt que de voir celui-ci échapper à son contrôle ; non seulement il l'immobilise, mais *il le ramène délibérément en arrière.* » (S. Leys, *Les Habits neufs du président Mao*, Paris, G. Lebovici, 1987, rééd. Le livre de poche, 1989, p. 35).

Les villes, Pnom Penh, puis Battambang, la deuxième ville du pays, sont vidées de leurs habitants, lesquels sont déportés à la campagne dans des conditions désastreuses, puisqu'on force les malades à quitter leurs lits et qu'on assassine ceux qui ne peuvent pas se déplacer. L'installation des citadins se fait de manière anarchique, mais une fois fixées, les populations n'ont plus le droit de se déplacer et ne peuvent pas obtenir de renseignements sur les membres de leurs familles lorsque celles-ci ont été séparées. Toute la société cambodgienne est bouleversée, les Khmers rouges soumettent l'ensemble des comportements à une surveillance étroite et interdisent l'expression des traditions, les déportés sont soumis à un régime d'esclavage, ils doivent subir des séances journalières d'endoctrinement idéologique et d'autocritique, la vie quotidienne est communautarisée dans des coopératives agricoles, comparables à des camps de concentration, où les repas se prennent obligatoirement de manière collective. Une morale ascétique, bannissant la sexualité, les rires, les jeux, la création artistique, régit la vie communautaire, où seuls les slogans et chants politiques ont une place.

Pour les hommes de l'Angkar (Organisation), c'est-à-dire du bureau permanent du Parti communiste cambodgien, l'objectif visé est de faire disparaître la civilisation corrompue par le capitalisme et de refaire l'humanité selon la règle de l'autosuffisance, largement inspirée des communes populaires chinoises, de l'égalité totale dans le dénuement. L'idéologie khmère rouge est faite de primitivisme rural, ce totalitarisme est profondément archaïsant, d'une manière encore plus radicale que ce qui était apparu pendant le Grand Bond en avant maoïste, puisque l'industrie disparaît quasiment et que le pays ne commerce plus avec les pays extérieurs et n'importe rien, alors que le travail agricole et la construction des canaux d'irrigation sont confiés à des citadins qui ne les maîtrisent pas, sous la conduite de Khmers rouges qui n'ont aucune formation dans ces différents domaines. Toutes les constructions qui ont été décidées et réalisées sont ainsi inutilisables. En quelques mois, le Cambodge régresse considérablement et manque de tout, d'infrastructures, de machines et même d'armes au point qu'au moment où le Vietnam envahit le pays à la fin de 1978, il ne rencontre quasiment aucune résistance.

On estime le nombre de victimes des Khmers rouges à 1,7 millions, c'est-à-dire environ 25 % de la population totale du Cambodge. Exécutions sommaires, mauvais traitements, conditions d'existence incompatibles avec la survie[1], famines dues à l'incurie, à la folie de quotas inatteignables (trois tonnes de riz à l'hectare contre un auparavant) et au système ségrégationniste à l'égard des citadins, purges dans l'appareil du Parti (comme en URSS et en Chine, face à l'échec de la production, on désigne des traîtres qu'on élimine par milliers). Le Kampuchéa démocratique constitue, par sa radicalité, un condensé des régimes totalitaires. Les Khmers rouges n'annoncent rien concernant l'avenir, mais précipitent la société communiste dans la réalité et affirment que la différence entre les classes sociales a été purement et simplement abolie. [2] Ils privent la société cambodgienne de tous ses repères traditionnels et font disparaître toute trace de modernité (médecine, technologie – les voitures sont détruites –, enseignement – les

---

1. « Les malades n'ont pas besoin de manger, parce que la maladie coupe l'appétit. La diète vous guérira. » (H. Locard, *Le « Petit Livre Rouge » de Pol Pot ou les paroles de l'Angkar*, Paris, L'Harmattan, 1996, p. 161).
2. « L'Angkar n'a pas seulement libéré vous tous, camarades, mais libéré aussi le territoire, libéré nos richesses, libéré la liberté, remporté l'indépendance totale et nous a libérés également de la notion même de classes. » (*ibid.*, p. 37-38).

écoles, les universités sont fermées, il est interdit de lire et d'écrire, d'écouter les radios étrangères), créent un enfer, un lieu incompatible avec la vie à l'échelle d'un pays. Il n'y a pas de culte de la personnalité (on n'a su que Pol Pot était le chef de l'Angkar qu'en 1977, quand a grandi la menace aux frontières avec le Vietnam), pas de grandes parades comme en Corée du Nord ou en URSS, les émotions individuelles comme collectives sont bannies. La paranoïa domine. L'intensité des pressions exercées sur la vie quotidienne est si forte qu'on peut dire que le régime a créé les conditions de son écroulement.

TOTALITARISME ET MODERNITÉ

Des régimes fondés sur les masses

On peut bien entendu déceler des tendances totalitaires dans d'autres régimes, d'autres courants politiques ou même sectaires, à notre époque comme par le passé. L'encadrement des croyances collectives, l'exercice d'une dictature de fer, la persécution à grande échelle et les grands massacres existent aujourd'hui et ont existé avant le XXᵉ siècle.

Dans de nombreux régimes communistes, il a souvent existé des tendances totalitaires, mais celles-ci sont restées à l'état embryonnaire ou n'ont pas formé un système et ils n'ont pas connu pour la plupart la violence à grande échelle que nous avons mise en évidence dans les cinq régimes indiqués. Les nombreuses dictatures contemporaines (comme l'Iran khomeyniste) exercent souvent une grande répression à l'égard de leurs opposants, mais les totalitarismes se distinguent par la création d'ennemis imaginaires et la mise en place d'une machine de domination, d'endoctrinement et de soumission à une doctrine idéologique sans précédent.

Les terrorismes islamistes et d'extrême-gauche des années 70 et 80 se présentent comme porteurs d'une mission universelle et rejettent la complexité du réel. L'idéologie constitue chez eux une « logique de l'idée » qui fait de l'opposition à la réalité politique un absolu. Mais le terrorisme se distingue du totalitarisme par son caractère d'organisation secrète et groupusculaire. Un romantisme révolutionnaire anime souvent les terroristes, alors que le totalitarisme est au contraire une organisation des masses qui cherche à faire disparaître totalement les individus.

Il a existé des régimes de fer tout au long de l'histoire, fondés sur le culte de la personnalité et l'inexistence des droits individuels. Dans l'Égypte ancienne, l'économie est nationalisée, l'obéissance au pouvoir doit être totale, le souverain est divinisé. En revanche, les activités intellectuelles ne sont pas empêchées. Dans la Chine des Zhou, à partir du XIIᵉ siècle, le manque de goût pour l'obéissance est un crime moral. La répression contre les intellectuels est profonde. Dans la société inca, l'économie est collectivisée, l'affectivité entre époux, entre parents et enfants contrôlée, les liens sociaux horizontaux remplacés par une soumission intégrale de chacun au pouvoir central (par exemple, les vêtements sont identiques dans tout l'Empire, les voyages interdits). L'empereur apparaît comme un dieu, investi d'une mission lui donnant le droit de régner sur l'ensemble du monde. L'Inquisition catholique du Moyen Âge a également exercé une dure répression contre les écarts à l'égard du dogme. Il existe toutefois une différence majeure entre ces régimes anciens et les totalitarismes indiqués. Ceux-ci appartiennent pleinement à la modernité, parce qu'ils sont des régimes s'appuyant sur les masses populaires, au moins formellement.

Les totalitarismes sont construits sur des idéologies faisant l'entrée des masses dans l'histoire le fondement de la révolution. Ils prétendent tous représenter le peuple et lui conférer une force historique inédite. Les dictateurs totalitaires, sans être issus des milieux les plus misérables, n'appartiennent de fait pas aux classes supérieures. Ils s'opposent tous à des inégalités dont ils font le cœur de l'histoire : féodalité et capitalisme dans le cas des régimes communistes, domination des peuples ennemis (démocraties, juifs, bolcheviks) sur la nation ou la race dans le cas du fascisme et du nazisme. Parce qu'ils font ainsi référence au peuple, ils revendiquent son soutien, par une rhétorique de la révolution populaire, ils le mobilisent, l'éduquent, le rééduquent, le flattent, l'héroïsent, le menacent, le persécutent, l'épurent. La terreur de masse est issue de cette spécificité, puisque le peuple doit sans cesse être séparé de ses ennemis, de ses tendances contre-révolutionnaires, de ses inerties. Le totalitarisme est une révolution permanente, la violence tournée contre le peuple n'a pas de fin, parce qu'elle a pour but de produire un peuple nouveau, libéré de son passé, c'est-à-dire de lui-même.

On voit ainsi dans tous les régimes totalitaires des références, sinon à la démocratie, au moins à la volonté ou au destin du peuple. Il ne s'agit en rien de dictatures fondées sur la tradition ou de tyrannies s'appuyant exclusivement sur la force, mais de régimes qui prétendent créer les conditions révolutionnaires d'une vie inédite pour les laissés-pour-compte du capitalisme bourgeois ou de la guerre des races. On peut ainsi penser que le totalitarisme est en lien avec la démocratie, qu'il en constitue une pathologie, mais il convient de se garder de faire de celle-ci l'origine de celui-là, comme si la terreur de masse procédait naturellement de l'exigence de liberté et d'égalité et que les régimes hiérarchiques traditionnels étaient seuls capables de préserver les sociétés des aspirations délétères les ayant jetées dans les bras des mouvements totalitaires.

Des crises sociales au totalitarisme

Hannah Arendt montre que le totalitarisme s'enracine dans l'existence de masses déracinées, c'est-à-dire dont les racines géographiques, historiques et culturelles ont été fragilisées par les nouveaux modes de production. Cette analyse s'appuie principalement sur l'histoire allemande, mais il est possible d'en tirer des enseignements plus généraux, concernant le lien entre totalitarisme et massification.

À partir du XIXe siècle, les changements dans les formes de production économique, l'exode rural, la croissance contribuent à transformer de manière profonde les stratifications sociales, parmi les peuples européens. Les relations sociales fondées sur l'implantation dans un lieu, sur des modes de production stables, sur une économie sans croissance, ont cédé la place à la compétition économique, à des rythmes de vie accrus, à l'intérieur desquels les solidarités traditionnelles sont affaiblies. Des sources nouvelles de conflit naissent des aspirations à l'égalité et de formes d'inégalité inédites liées aux différenciations économiques. Chacun est sommé de trouver sa place, à partir de ses ressources propres et ceux qui n'y parviennent pas sont condamnés à la misère et à la solitude.

Pour Arendt, les masses modernes sont formées des résidus des anciennes classes sociales, que la concurrence et les crises ont conduits à la désocialisation. Coupées de leurs racines, agglomérées dans les villes, menacées par le chômage, soumises à des conditions de vie précaires, ces populations sont victimes de ce qu'Arendt appelle la « désolation », c'est-à-dire « l'expérience d'absolue non-appartenance au monde, qui est l'une des expériences les plus radicales et les plus désespérées de l'homme »[1]. Le totalitarisme s'appuie sur ces masses, parce qu'elles peuvent donner aux mouvements politiques une nouvelle configuration et une nouvelle force, fondées sur les énergies frustrées et le sentiment de perte et d'abandon.

L'existence de ces masses n'est pourtant pas avérée en dehors de l'Allemagne et de pays européens qui n'ont pas été soumis au totalitarisme. Toutefois, en même temps qu'ils trouvent leur source immédiate dans la guerre, les régimes que nous avons étudiés ne peuvent exercer leur domination en profondeur que parce qu'ils retirent à la société le loisir de prendre des initiatives, maintiennent chacun dans l'isolement et l'impuissance, surveillent et organisent les relations sociales et remettent entre les mains du Guide le pouvoir d'assurer le salut et la vie à des existences qui s'étiolent. Autrement dit, ils produisent la « désolation » dont Arendt recherchait l'origine historique dans les sociétés modernes en crise, parce qu'ils créent ainsi les conditions du pouvoir total, en opposant à cette exclusion la mobilisation des masses.

Désolation et massification vont en effet de pair dans le totalitarisme, puisque l'absence d'une relation propre entre les êtres, d'une vie collective et culturelle indépendante s'accompagnent d'une concentration dans les organisations de masse. La solitude et l'inconsistance individuelle recherchées par le pouvoir s'accomplissent par une surveillance et une intégration sans reste dans les structures totalitaires. « La transformation des classes en masses et l'élimination parallèle de toute solidarité de groupe sont la condition *sine qua non* de la domination totale. »[2] Arendt montre que les masses modernes

1. H. Arendt, *Le système totalitaire*, *op. cit.*, p. 306.
2. *Ibid.*, préface, p. 21.

sont dans un état de confusion, d'anomie et d'exclusion tel qu'elles rejettent la réalité du réel, au profit de discours de fiction : de la théorie du complot aux doctrines totalitaires de la guerre des races ou classes, elles sont susceptibles d'adhérer à des mouvements capables de réaliser leur désir de retrouver une place dans le monde. « La fuite des masses devant la réalité est une condamnation du monde dans lequel elles sont contraintes de vivre et ne peuvent subsister. »[1].

Les régimes totalitaires font en sorte que les masses d'individus désocialisés, dont ils héritent ou qu'ils s'efforcent de produire, et sur lesquelles ils s'appuient en tout cas, soient étroitement serrées dans des mouvements prétendant leur donner une place et une dignité, par opposition aux situations antérieures d'inégalité et de relégation. C'est pourquoi ils ne cherchent pas à persuader les êtres auxquels ils s'adressent du bien-fondé de leurs idéologies respectives, mais à rendre concrète l'idéologie par l'organisation la plus rigoureuse de la société, c'est-à-dire par son intégration la plus étroite dans le régime. Il ne s'agit pas de s'adresser à l'intelligence des masses, mais de s'appuyer sur les désirs qui les habitent de trouver une identité et une cohésion, en permettant à chacun de se fondre dans l'anonymat de l'organisation, de se libérer ainsi de son impuissance et d'exister de nouveau, en se rendant utile. Désolation et massification sont intimement liées dans le totalitarisme, parce qu'elles désignent les deux faces de la domination totale que poursuit le totalitarisme : empêcher chacun de nouer des relations propres avec ses semblables, contraindre chacun à l'isolement, à l'impuissance et à l'auto-surveillance, et constituer un lien social de substitution fondé à

---

1. H. Arendt, *Le système totalitaire*, *op. cit.*, p. 108.

la fois sur l'horizontalité des organisations de masse et sur la verticalité de la relation au Guide.

LE POUVOIR DE L'IDÉOLOGIE

Une rupture anthropologique

Hannah Arendt montre que c'est à de profonds changements dans la conception des relations entre les hommes et la communauté sociale que le totalitarisme se reconnaît : dans « un régime totalitaire parfait », « tous les hommes sont devenus Un Homme »[1]. Il s'agit de faire disparaître de la condition humaine ce qui est à la source du nécessaire écart entre les hommes d'un côté, la société et le pouvoir de l'autre, et entre les hommes eux-mêmes : ce qu'Arendt nomme la « spontanéité »[2], c'est-à-dire « le pouvoir qu'a l'homme de commencer quelque chose de neuf à partir de ses propres ressources, quelque chose qui ne peut s'expliquer à partir de réactions à l'environnement et aux événements »[3].

L'objectif totalitaire est donc de nature anthropologique et non seulement politique au sens étroit de la soumission de la société et des individus au pouvoir. Il s'agit de transformer les hommes. La rhétorique de « l'homme nouveau » s'éclaire alors, parce que ce n'est pas seulement la création biopolitique d'un homme plus fort, plus beau, plus intelligent et d'une

---

1. H. Arendt, *Le système totalitaire*, *op. cit.*, p. 293.

2. « L'autorité, sous quelque forme que ce soit, implique une limitation de la liberté, mais jamais l'abolition de celle-ci. C'est cependant à cette abolition et même à l'élimination de toute spontanéité humaine en général, que tend la domination totalitaire, et non simplement à une restriction, si tyrannique qu'elle soit, de la liberté. » (*ibid.*, p. 190).

3. *Ibid.*, p. 271.

société plus puissante, plus unie, moins divisée en classes qui est alors visée. Mais la disparition de l'homme ancien, c'est-à-dire de l'individu capable d'autonomie, animé par l'« insociable sociabilité » évoquée par Kant, c'est-à-dire turbulent, imprévisible, intégré de manière contingente et partielle à une société, elle-même définie par une culture, c'est-à-dire par des modes de vie et de pensée produits par une histoire. On pourrait dire que la tâche que se donne le totalitarisme est anti-culturelle, en ce sens qu'il cherche à faire disparaître toute trace d'une vie de la société, autonome et extérieure à l'exercice du pouvoir et à l'idéologie.

L'ambition totalitaire rejoint les perspectives millénaristes de transformation radicale de la vie, par l'intervention d'une transcendance dans l'histoire. De ce fait, elle n'a en apparence rien de commun avec l'exercice d'un pouvoir politique, aussi révolutionnaire, dithyrambique ou violent soit-il. Pourtant, la spécificité du totalitarisme est que le millénarisme y croise la politique et la commande, ce qui implique des effets de concentration et de brutalisation du pouvoir inédits, parce qu'on ne peut pas prétendre changer l'humanité sans consacrer une énergie illimitée au contrôle et à l'organisation des sociétés et sans rencontrer de résistances liées à la fois à l'existence de cultures et à la capacité humaine de penser et de décider.

Voegelin reproche à Arendt d'avoir pensé le totalitarisme comme une transformation de la nature humaine, parce qu'un changement de nature serait une contradiction dans les termes. Mais, pour Arendt, si la nature humaine est bien en jeu dans le totalitarisme, il ne s'agit pas d'une propriété substantielle de l'individu, mais du monde, c'est-à-dire de l'espace à l'intérieur duquel se nouent les relations humaines et qui tient en même temps séparés les hommes les uns des autres et protège leur liberté. Il n'y a pas de liberté intérieure substantielle qui précèderait les conditions politiques de la liberté et pourrait préserver les sociétés de la domination totale. L'indépendance de la vie privée est elle-même récusée au nom de la mobilisation générale de la société. C'est pourquoi il ne reste rien de la liberté dans les périodes de l'exaltation totalitaire, si ce n'est dans les marges de la société. «Le succès du totalitarisme revient à une liquidation bien plus radicale de la liberté en tant que réalité politique et humaine que tout ce dont nous avons pu être témoins jusque-là. Dans ces conditions, ce serait une piètre consolation de s'accrocher à une nature humaine inaltérable pour conclure soit que l'homme lui-même est en voie d'être détruit, soit que la liberté ne fait pas partie des aptitudes fondamentales de l'homme. »[1] Cela n'implique toutefois en rien que la domination totalitaire soit définitive, parce que les conditions qui la permettent sont elles-mêmes difficiles à mettre en œuvre et restent précaires.

L'idéologie et le fantasme de l'Un

C'est l'idéologie qui donne son unité à l'organisation totalitaire, puisqu'elle en présente à la fois la fin ultime (la société sans classes, le peuple uni, la race supérieure dominant le monde), le sens concret (la lutte contre les ennemis et contre les pratiques témoignant de la société ancienne, la destruction de la personnalité autonome) et la structure pyramidale (le *Führerprinzip* nazi en est l'archétype). L'idéologie mobilise ce que Claude Lefort nomme le «fantasme de l'Un», lequel anime le régime tout au long de son histoire, et qui consiste en ce que les divisions disparaissent, que le peuple célèbre son avènement et sa réconciliation, par-delà l'évidence

1. H. Arendt, « Une réponse à Eric Voegelin », art. cit., p. 974.

de la misère, de la destruction, de la persécution et de l'échec. Ce fantasme structurant pour la société comme pour le pouvoir prend la forme de l'extermination de masse, « l'incessante production-élimination des hommes en trop, parasites, déchets, nuiseurs » [1]. En effet, un fantasme peut avoir des effets d'autant plus importants, qu'il dénie davantage les limites de la réalité, ce qui est le cas quand on s'en prend, comme le totalitarisme, à l'existence même de la diversité et qu'on projette de construire une société homogène et unifiée, où les écarts entre le pouvoir et la société, entre les individus et le groupe ont disparu.

Le fantasme de l'unité répond à l'existence des divisions sociales. Or, celles-ci impliquent la constitution d'un pouvoir politique, qui garantit l'ordre sans lequel la société se délite-rait, mais ne fait pas disparaître les différences, parce qu'il n'y a pas de société, sans distinctions entre les individus. Le fantas-me définit donc une volonté de substituer à la société politique un ordre d'un autre type, où pouvoir et société ne se tiennent plus séparés. Claude Lefort montre que cette rencontre s'opère grâce au Parti. En effet, dans la mesure où il étend ses ramifi-cations dans tous les lieux, celui-ci « est l'agent d'une pénétra-tion complète de la société civile par l'État. Plus précisément, il est le milieu dans lequel l'État se change en société, ou la société en État » [2].

Ce fantasme n'est pas une invention de la modernité (il est sans doute attaché au psychisme humain), même si son poids grandit avec les divisions des sociétés modernes. Mais, avec le totalitarisme, la quête de l'unité sociale est précipitée

---

1. Cl. Lefort, *Un homme en trop, op. cit.*, p. 88.

2. Cl. Lefort, *Éléments d'une critique de la bureaucratie*, Paris, Tel-Gallimard, 1979, p. 191.

en une lutte sans pitié contre toute forme d'expression et même d'existence des différences, de tout ce qui est susceptible d'échapper à l'emprise du pouvoir : l'imprévisibilité de l'avenir, la réalité du passé (comme l'a montré Orwell), les manifestations culturelles liées à la tradition, l'existence de liens de solidarité.

Parler de fantasme, c'est dire que le totalitarisme répond à un désir. L'étude des idéologies totalitaires met en effet en évidence la convergence possible des attentes des peuples et des ambitions des dictateurs et permet de montrer le caractère complexe de régimes résolument oppressifs. Le totalitarisme offre en effet l'opportunité d'une socialisation nouvelle, par-delà les effets de déstructuration de la modernité capitaliste.

C'est dire également que le totalitarisme poursuit des objectifs radicaux, la formation d'une société une, la disparition des individus libres et des différences, qu'elles soient culturelles, idéologiques ou morales. Des objectifs si radicaux, qu'ils apparaissent comme impossibles, comme contraires à l'existence des sociétés et des hommes réels. Claude Lefort relève ainsi un paradoxe : « la volonté de forcer les obstacles auxquels se heurte l'idée d'une organisation totale de la société, d'une incorporation des individus dans un peuple-un ne peut s'imprimer dans la réalité qu'en engendrant la désorganisation et le morcellement »[1]. Ce paradoxe confirme le caractère fantasmatique du totalitarisme.

Il est en effet improbable qu'un régime totalitaire en un sens positif puisse advenir et encore plus se perpétuer longtemps. Le Cambodge des Khmers rouges qui a poussé la logique totalitaire très loin (destruction de tous les liens

---

1. Cl. Lefort, *L'invention démocratique*, *op. cit.*, p. III.

sociaux, familiaux en particulier, reconstruction de la société sur des fondements totalement nouveaux, affirmation de la toute-puissance de la volonté collective) était exsangue au moment où le Vietnam l'a envahi (1979) et n'a pas pu se défendre. Si le totalitarisme existe, c'est d'abord comme une fiction, que rendent crédible les moyens utilisés, une propagande très sophistiquée accompagnée d'organisations de masse, une surveillance de chaque moment et une persécution à l'égard des populations tenues pour ennemies de la société. La mobilisation générale autour de la ligne dessinée par l'idéologie, l'absence d'opposants, réduits au silence par la violence de la répression, l'épuration de la société tiennent lieu de la « totalité » projetée par le régime.

Le fantasme commande des pratiques politiques d'un nouveau type et a donc des effets concrets. Les moyens utilisés sont radicaux et détruisent la confiance qui fonde la vie en société, au profit de l'omniprésence du parti et du Guide. Le fantasme de l'Un prend la forme d'une lutte obsessionnelle contre les différences, contre leur existence, leur expression ou leur renaissance. Dans *1984*, O'Brien, dirigeant du système totalitaire de l'Angsoc, affirme ainsi : « Nous ne pouvons permettre aucun écart, même à celui qui est sur le point de mourir » [1]. De fait, dans les camps de déportation des régimes chinois et cambodgien, la propagande était permanente, et on exigeait de chacun, même du malade et du mourant, qu'il mène son autocritique et donne des preuves de sa fidélité, c'est-à-dire de sa soumission, malgré la faim, le froid et les mauvais traitements.

---

1. G. Orwell, *1984*, *op. cit.*, p. 360.

Le solipsisme totalitaire contre le sens commun

Dans le totalitarisme, les formes normales de la communication entre les hommes sont détruites, dont le sens commun qui leur donne un fondement. En effet, grâce au sens commun, les hommes savent qu'ils parlent de la même chose, qu'ils agissent en fonction des mêmes objectifs et attentes. C'est le sens commun qui nous apprend que nous vivons dans la réalité, que celle-ci n'est pas un rêve, parce qu'il nous donne « le sentiment du réel ou de l'irréel [qui] accompagne de fait toutes les sensations fournies par mes sens qui, sans lui, n'auraient pas de "sens" »[1]. Le sens commun unit mes cinq sens, en les rattachant au réel, dès lors que mes perceptions peuvent être confirmées par les autres. Il permet d'échapper au doute hyperbolique de Descartes, parce que, bien que la réalité nous reste largement inconnue, c'est lui qui nous fait connaître immédiatement son existence, en se formant lui-même à l'occasion de l'expérience, de l'échange et de la parole.

Le sens commun est le sens du réel, il montre la présence de l'être en personne il est donc essentiel à la vérité, parce qu'il donne une assise au rapport de toute connaissance avec la réalité. Il est l'ennemi du fantasme totalitaire, qui traite la pensée comme une table rase, dans l'optique de faire du fanatisme le seul principe de l'action, puisqu'il pose une limite indépassable à la domination, l'existence d'une réalité extérieure, source de liberté à l'égard du pouvoir.

En rejetant le sens commun et donc l'expérience du monde, le totalitarisme fait entrer la société dans un solipsisme

---

1. H. Arendt, *La vie de l'esprit*, volume 1 : « La pensée », trad. L. Lotringer, Paris, PUF, 2000, p. 68.

la condamnant à célébrer indéfiniment l'idéologie (et le Guide), comme substitut de la réalité, ce qu'Arendt appelle « sur-sens ». Dans *1984*, Orwell fait ainsi de la lutte contre le sens commun, de la destruction de l'identité personnelle qu'il fonde, le ressort de sa compréhension de la domination totalitaire. La « double pensée »[1] institue des personnalités schizophréniques, capables de mentir et de l'oublier aussitôt, parce qu'elles ont renoncé au sens commun, qui unit les hommes autour de la reconnaissance de la réalité, au profit d'un fantasme de libération à l'égard des limites du réel, de la condition humaine et du pouvoir.

La révolution permanente totalitaire

Le totalitarisme fait subir à la société sur laquelle elle s'exerce des secousses permanentes. Rien ne doit échapper au contrôle du régime, prétendant incarner la volonté des masses organisées par lui. L'idéologie sert de principe. Comme « logique d'une idée », elle soumet la société à une purification, devant permettre de détruire ses ennemis. Mais ceux-ci étant censés être très puissants, infiltrés dans l'ensemble du corps social, et étant désignés comme formant une classe ou une race, les opérations d'élimination se prolongent indéfiniment.

Les masses sont politisées, encadrées, fanatisées, mises en mouvement et persécutées. Aucun répit ne leur est laissé, les régimes totalitaires n'existent que parce qu'ils transforment la société en l'image vivante de l'idéologie, ce qui implique, au regard de la réalité de toute société, composée d'hommes et de femmes doués de spontanéité et d'une indépendance de fait, une violence indéfinie. Comme ils ont l'ambition démesurée

---

1. Cf. *infra*, p. 116.

de changer la société et l'humanité, ils échouent nécessairement et en reportent la responsabilité sur les résidus du peuple
ancien. Mais comme ils sont animés par une idéologie totale,
ils sont très bavards, annoncent la victoire de la révolution et se
glorifient d'éliminer en masse leurs ennemis.

Mais la société qu'ils projettent n'est en fait pas différente
de la société qu'ils forment et on ne comprend pas ce qu'est un
régime totalitaire quand on insiste seulement sur le décalage
entre ses ambitions et sa réalité concrète, au point de récuser
l'existence même du totalitarisme. La terreur totalitaire n'est
pas qu'un moyen, elle est la vérité ou la signification du
totalitarisme, parce que ce qu'il vise c'est bien la soumission
totale de la société, l'abaissement de toutes les barrières qui
permettent l'indépendance de fait de cette dernière.

Ces régimes idéologiques prétendent se saisir de la totalité
humaine, c'est-à-dire épuiser la signification de l'expérience
humaine. Cette ambition, qui nous interroge sur le danger
mortel de la recherche de l'absolu dans le domaine politique,
n'a de traduction concrète que parce que l'existence humaine
est caricaturée, privée de la spontanéité qui fait sa richesse et
lui confère une histoire. C'est du fait de l'universalité dont il
prétend être porteur (l'humanité nouvelle contre la société
corrompue) que le totalitarisme se distingue de tous les autres
régimes, parce qu'il met ainsi au cœur de son exercice du
pouvoir une violence criminelle tournée contre l'humanité
elle-même, par laquelle il dit se saisir de cette dernière et la
transformer radicalement.

Le totalitarisme et l'universel

S'interroger sur les rapports du totalitarisme et de
l'universalité permet de lui donner un sens moral. On parle

d'universalité pour désigner les valeurs susceptibles d'être reconnues par tous les hommes (liberté, égalité, paix, prospérité), parce qu'elles contribuent à leur coexistence et ne sacrifient pas les intérêts des uns à ceux des autres. Mais, pour le totalitarisme, l'universalité est comprise comme la domination des intérêts du régime et se réalise par la guerre sociale et la guerre d'expansion. L'universalité est ici réduite à une particularité conquérante, ne reculant devant aucun des moyens les plus extrêmes pour s'imposer.

L'universalité n'est pas figurable empiriquement, elle est une idée, un idéal régulateur de la raison théorique et pratique, selon Kant. En prétendant l'incarner, le totalitarisme en ignore la signification. En effet, il écarte ainsi les différences empiriques et récuse la liberté, en dehors de laquelle il est inconcevable de parler d'universalité pour l'humanité. Le totalitarisme réduit l'universalité à un espace de forclusion qui nie l'existence de l'extériorité. Il n'y a pas de citoyens, même pas de sujets, mais des combattants prêts au sacrifice, des travailleurs volontaires, des héros du socialisme. Il n'y a pas d'étrangers, mais des ennemis, pas de minorités ethniques ou religieuses ou de positions sociales différentes mais des parasites ou des exploiteurs. Le totalitarisme prétend resserrer l'universalité en un seul être, le Guide ou la société qu'il dirige.

Le rejet du sens de l'universel est assumé par les régimes totalitaires, parce qu'il l'assimile à une entreprise mensongère de domination des juifs, des cosmopolites ou des capitalistes. Trotsky montre ainsi que la morale universaliste bourgeoise est un instrument de lutte de la classe dominante. « Du point de vue des "vérités éternelles" la révolution est naturellement "immorale". Ce qui nous apprend seulement que la morale idéaliste est contre-révolutionnaire, c'est-à-dire au service des exploiteurs »[1].

Les totalitarismes se construisent ainsi sur le rejet de tout ce qui est favorable aux libertés, à l'indépendance de la pensée et de l'action, c'est-à-dire de tout ce qui a vocation à devenir universel et s'est historiquement exprimé dans les déclarations des droits de l'homme. Les nazis détestaient les juifs, initiateurs selon Hitler lui-même de la conscience morale[2], ils abhorraient les francs-maçons, héritiers des Lumières. Les bolcheviks haïssaient le christianisme, comme toute tradition d'esprit ou d'indépendance de pensée qui mettait en question l'obéissance aveugle au chef. Les Khmers rouges ont persécuté les citadins prétendument corrompus et jouisseurs, les professions intellectuelles, ont détruit les familles. Les maoïstes s'en sont pris, pendant le Grand Bond en avant, aux traditions paysannes, puis, pendant la Révolution culturelle, à tous ceux qui s'opposaient au pouvoir absolu de Mao. Dans les totalitarismes, la seule communauté qui demeure à l'intérieur de la société et qui a vocation à devenir universelle, c'est celle de l'abandon de soi-même au régime. C'est celle du fanatisme, de la haine et de la destruction[3].

---

1. L. Trotsky, « Leur morale et la nôtre » (1938), trad. V. Serge.

2. « La conscience est une invention judaïque ; c'est comme la circoncision, une mutilation de l'homme. » (Hitler, cité par Hermann Rauschning, *Hitler m'a dit*, trad. A. Lehman, Paris, Coopération, 1938, p. 252).

3. Dans *1984*, O'Brien affirme ainsi : « Si vous désirez une image de l'avenir, imaginez une botte piétinant un visage humain… éternellement. » (G. Orwell, *1984, op. cit.*, p. 377).

CONCLUSION
PEUT-ON ENCORE PARLER DE TOTALITARISME ?

Totalitarisme, démocratie et modernité

Le totalitarisme a en commun avec la démocratie d'être un régime où ce qui sert de fondement à l'exercice du pouvoir n'est pas la tradition, le sacré, la distinction entre les hommes, mais la référence au peuple et à l'avenir. Les régimes totalitaires sont par ailleurs apparus au moment de la généralisation des modes d'organisation capitalistes et de la déstabilisation des sociétés qui a suivi la Grande Guerre. Ils s'inscrivent ainsi dans la brutalisation de l'espace public, caractéristique des sociétés idéologisées du tournant du XXe siècle.

Mais dire la modernité du totalitarisme n'implique pas que la modernité soit totalitaire ou même qu'elle ait, en soi, des tendances totalitaires. Certes, les totalitarismes sont des régimes révolutionnaires. Certes, ils répondent à l'idéal moderne de la domination et du progrès et promettent aux hommes qui leur servent de soutien idéologique une liberté nouvelle. Certes, la démocratie trouve elle-même partiellement place dans le discours totalitaire, puisqu'elle est censée être accomplie par la réalisation de l'unité sociale et le dépassement des conflits inhérents aux sociétés de classes.

Mais il paraît difficile de soutenir que l'émancipation, la pensée des Lumières, le libéralisme, la démocratie qui occupent une place centrale, dans la modernité politique, sont à la source de l'émergence du totalitarisme. Comme l'a montré Claude Lefort, la démocratie moderne a séparé les pôles du pouvoir, du savoir et du droit, limitant ainsi considérablement l'emprise du politique sur la pensée et la liberté humaines. La représentation démocratique est récusée par les régimes totalitaires, parce qu'ils montrent qu'elle produit une élite qui confisque le pouvoir. Ils lui opposent l'incarnation du peuple, redevenu souverain, par le Guide. En quête d'unité, de puissance, ils rejettent les conditions de la souveraineté populaire et de son expression que le libéralisme politique a posées : séparation des pouvoirs, organisation d'élections libres, garanties constitutionnelles des libertés civiles.

La démocratie moderne a inscrit la division au cœur de la société, en garantissant les libertés et en légitimant l'expression publique des différences et divergences. La difficulté rencontrée par un tel régime réside dans la nécessité d'assurer la paix et l'unité sociales tout en valorisant les libertés. De nombreuses formes de régimes démocratiques ont ainsi existé, républicaine, libérale, autoritaire. Les régimes totalitaires survalorisent au contraire l'unité, qu'ils assurent par le rejet de toutes les libertés et par une politique de terreur visant à bannir l'existence et l'expression des différences.

La démocratie moderne et le totalitarisme ont donc en commun de s'appuyer sur le peuple souverain. Mais quand la première, dès lors qu'elle ne se réduit pas un rite électoral un peu formel, respecté même par certains régimes despotiques, donne au peuple les moyens de s'exprimer, de faire connaître ses revendications, de s'investir dans la collectivité, le second le prive de tout droit, le soumet à une mobilisation totale de ses énergies au service de l'idéologie et à une épuration permanente. Tout en étant pleinement inscrit dans la modernité politique, et plus encore dans les crises qui étreignent les sociétés modernes, le totalitarisme se distingue radicalement des démocraties. Il est ainsi faux d'affirmer que le totalitarisme plonge ses racines dans la liberté des modernes [1].

---

1. C'est ce que fait Claude Polin. « La voie est ouverte à une définition du totalitarisme proprement dit : excès de pouvoir fondé sur l'excès de liberté, et

Le totalitarisme apparaît au contraire comme une réponse possible, dans des circonstances historiques particulières, aux crises provoquées par la modernisation. Le fantasme de l'Un qui l'anime n'est pas fondé sur la nostalgie du passé, mais sur la précipitation dans la réalité d'une société pleinement moderne, libérée des contradictions que la démocratie ne réussit pas toujours à résoudre facilement : conflits entre l'ordre et la liberté, entre les traditions et la modernité, entre la croissance économique et la misère de masse.

Peut-on alors penser que le totalitarisme n'est pas mort et qu'il pourrait ressurgir, au regard des graves crises sociales, politiques et civilisationnelles qui étreignent les sociétés contemporaines ?

Permanence de la pensée totalitaire

Dans le monde contemporain, le totalitarisme est plus difficile à penser, parce que les conditions mises en évidence par Friedrich et Brzezinski sont devenues improbables, voire impossibles. Il devient particulièrement difficile de penser un monopole des moyens de communication, avec l'invention des nouvelles technologies de l'information, même si un pouvoir politique peut encore parfaitement exercer une

---

comme tel système politique moderne puisque ce germe de liberté n'est pas prononcé légitime avant l'avènement de la mentalité moderne. » (« Individualisme et totalitarisme », *Réaction*, n° 4, 1992, « Le totalitarisme », p. 9) « Quand le totalitarisme est larvé, comme en Occident, il est nécessairement plus doux, c'est-à-dire qu'on y prend plus de soin à masquer l'inégalité de la distribution du pouvoir. Quand il est brutalement affiché, sa route est plus rocailleuse. » (*ibid.*, p. 15) La démocratie est ici conçue comme un totalitarisme doux. « Tout système totalitaire est fondé sur la possession d'un certain pouvoir par le plus grand nombre possible ou, ce qui revient au même, sur le sentiment ou l'impression de cette possession. »

censure importante les concernant voire en empêcher l'usage, par le contrôle des infrastructures techniques.

Avec la fin de l'URSS et la globalisation économique, il est de même difficile de penser l'existence d'une idéologie orientée vers un état final de l'humanité, d'un parti de masse de membres fanatisés, d'une direction centralisée de l'économie et d'un système de terreur physique et psychique. Si la Corée du Nord continue d'être totalitaire, elle est très isolée et n'a aucune influence extérieure. Le totalitarisme semble constituer un moment historique clos, les grandes idéologies totalitaires et révolutionnaires être privées de l'écho qu'elles pouvaient recevoir au tournant du XXᵉ siècle.

Cela ne signifie pas que les violences politiques, les fanatismes et extrémismes, les idéologies destructrices, les États liberticides ont disparu. Mais que le droit international, dont l'efficacité est pourtant souvent toute relative, a contribué à poser certaines limites à l'exercice du pouvoir, à dénoncer des pratiques gravement attentatoires aux droits de l'homme, à isoler diplomatiquement et économiquement certains régimes despotiques. Les horreurs du nazisme et du stalinisme ont largement contribué à la condamnation des totalitarismes et à l'élaboration de ce droit international attentif à prévenir l'établissement de tels régimes. Hannah Arendt écrivait ainsi, à la fin de sa grande étude sur le totalitarisme : « De la politique étrangère agressive et impérialiste de la Russie soviétique ont résulté des crimes contre de nombreux peuples. Cela intéresse le monde entier au plus haut point, mais c'est une question de politique étrangère ordinaire au niveau international, ce n'est pas l'affaire de l'humanité en tant que telle – c'est-à-dire d'une éventuelle loi au-dessus des nations. En revanche, les camps de concentration russes, dans lesquels plusieurs millions d'hommes sont privés jusqu'aux bénéfices douteux de la loi de leur propre pays, pourraient et devraient devenir le thème d'une action qui n'aurait pas à respecter les droits et les règles de la souveraineté »[1].

De très graves événements politiques ont pourtant eu lieu, après la fin du dernier grand régime totalitaire, le maoïsme : guerre du Biafra, génocide des tutsis du Rwanda, prise de pouvoir par les khomeinystes en Iran, régime des talibans. Mais aucun ne correspond à un régime totalitaire, la violence génocidaire, les crimes contre l'humanité ne s'assortissant pas alors d'un pouvoir centralisé et d'une organisation carcérale de la société. Certains traits du totalitarisme peuvent parfois être remarqués, mais aucune de ces situations n'a conduit à la mise en place d'un régime idéologique, pratiquant une terreur non seulement contre les opposants déclarés au régime, mais contre ses « ennemis objectifs », définis selon une « loi » qui condamne potentiellement tout le monde.

Les passions totalitaires prolongent sur le plan politique le millénarisme, lequel a subi de multiples transformations depuis ses origines dans le judaïsme et le christianisme. On peut ainsi estimer que les aspirations millénaristes et totalitaires survivent à la fin des grands totalitarismes. Le théologico-politique a ainsi repris de la vigueur avec les fondamentalismes islamistes. L'ex-Yougoslavie a connu des opérations de purification ethnique à grande échelle, ayant pour objectif de faire disparaître le différent. Des mouvements racistes et xénophobes existent partout sur le globe, en particulier en réponse aux crises sociales et économiques qui agitent les sociétés. De nouvelles formes d'aspirations millénaristes

---

1. H. Arendt, « En guise de conclusion », in *Les origines du totalitarisme – Eichmann à Jérusalem*, *op. cit.*, p. 871.

existent, sectaires ou terroristes, qui ne sont pas sans rappeler l'enfermement paranoïaque du totalitarisme et ses prétentions à réaliser l'universel. Mais les sectes n'ont pas de signification politique globale. Et les terrorismes, aussi bien d'extrême-gauche hier qu'islamistes aujourd'hui, se caractérisent par des actions spectaculaires et d'intimidation, mais ne s'appuient pas sur des mouvements de masse et restent marginaux.

Du totalitarisme à la société totale ?

L'emploi du terme « totalitarisme » a été banalisé et sert à qualifier tout ce qui, dans la politique, ressemble de près ou de loin, à une attaque contre les libertés et est ainsi quasiment synonyme d'« idéologie » au sens classique de vision politique globale. L'idéologie est devenue totalitaire, parce qu'on ne supporte plus ces visions globales, auxquelles on préfère un relativisme plus démocratique, modéré et tolérant.

Cet usage n'est toutefois pas satisfaisant et nous apprend plus sur les mutations subies par la politique, au moment où domine le libéralisme économique, que sur le totalitarisme lui-même, dont il délaisse le caractère de violence globale. Parler de « totalitarisme » pour qualifier la violence politique, c'est une banalisation qui empêche de saisir ce que les totalitarismes ont de spécifique, comment ils ont articulé la perspective révolutionnaire, une aspiration à la science, certes dévoyée, et une organisation globale de la société fondée sur l'idéologie, la surveillance et l'épuration. Parler par exemple d'un « totalitarisme doux » pour décrire le mélange entre la liberté des sociétés démocratiques et la domination d'un modèle d'organisation économique et politique unique, c'est négliger que

« les crimes contre l'humanité sont devenus une espèce de spécialité des régimes totalitaires »[1].

Pourtant, au-delà de cette banalisation du concept de totalitarisme, qu'on peut observer à droite comme à gauche, il convient de remarquer que, sous l'effet de la globalisation économique, les sociétés contemporaines sont soumises à des transformations importantes et souvent déstabilisantes, au nom de la loi du marché, qui permettent de penser que se met en place une nouvelle totalité, faisant l'économie de la violence inouïe de la terreur totalitaire, mais pas moins ambitieuse par ses aspirations et les forces qu'elle mobilise.

L'impérialisme politique et économique est très ancien. Les empires européens, quoiqu'étant souvent en conflit entre eux, ont imposé un modèle de domination sur les pays d'Asie et d'Afrique. Pourtant, dans l'impérialisme, le pouvoir central n'a, le plus souvent, pas les moyens d'imposer de mesures autres que politiques et symboliques, certes discriminatoires, mais ne touchant pas la vie des habitants dans leur quotidien. Au contraire, le totalitarisme se caractérise par une croissance du pouvoir. De même, avec la globalisation économique, un modèle universel faisant de la croissance économique, de l'exploitation des ressources naturelles, de la conquête de marchés, de l'ouverture des frontières pour les marchandises, de la consommation, de la publicité, et de la constitution d'une classe moyenne tend à s'imposer, impliquant une uniformisation des modes de vie. Cela ne signifie pas que l'humanité soit devenue une. Non seulement des résistances fortes à ce modèle existent, mais des modes de vie indépendants subsistent. De plus, les populations exclues de ce modèle et par ce modèle

---

1. H. Arendt, « En guise de conclusion », in *Les origines du totalitarisme – Eichmann à Jérusalem*, *op. cit.*, p. 870.

restent majoritaires à l'échelle planétaire, et n'ont cessé de grossir, avec les crises économiques, dans les grands pays développées. Ce modèle a donc ses centres et ses marges, qui permettent de dire que, comme dans le totalitarisme, la nouvelle totalité n'est qu'une fiction.

Pourtant, comme pour le totalitarisme, cette fiction a des effets bien réels, elle fait de l'exploitation de la nature comme de la transformation des sociétés en marchés des principes relevant de la sacralité. La banalisation du concept de totalitarisme peut donc être évitée, si on montre que ce qui est mis en place par la globalisation économique, c'est d'abord une nouvelle totalisation symbolique, la domination des échanges de nature économique dans les relations humaines. Laquelle s'impose par des moyens très différents de ceux du totalitarisme, non pas par accident, mais du fait de la nature de la totalité en question, fondée sur la production et la consommation, nécessairement limitées voire impossibles dans les régimes totalitaires, animés par une idéologie du sacrifice et de la destruction.

Cette compréhension de la totalité nouvelle a été initiée de manière prophétique par Aldous Huxley, en 1932, dans *Le meilleur des mondes*, dont les descriptions prennent le contre-pied de celles d'Orwell. « Au travail, au jeu, à soixante ans, nos forces et nos goûts sont ce qu'ils étaient à dix-sept ans. Les vieillards, aux mauvais jours anciens, renonçaient, se retiraient, s'abandonnaient à la religion, passaient leur temps à lire, à penser – *à penser!* […] À présent – voilà le progrès – les vieillards travaillent, les vieillards pratiquent la copulation, les vieillards n'ont pas un instant, pas un loisir, à arracher au plaisir, pas un moment pour s'asseoir et penser, ou si jamais, par quelque hasard malencontreux, une semblable crevasse dans le temps s'ouvrait béante dans la substance solide de leurs distractions, il y a toujours le *soma*, le *soma* délicieux »[1]. La nouvelle totalisation signifie que l'ensemble des activités humaines sont encadrées depuis la naissance, afin de pouvoir être consacrées positivement à la production et à la consommation. Tout ce qui n'y entre pas est soit marginalisé, soit considéré comme purement privé. La fonctionnalisation totale de l'homme est la fantasmagorie poursuivie par les sociétés libérales, comme le fantasme de l'Un animait les régimes totalitaires. Elle fait de sa subjectivité un écart inconsistant.

Alain Caillé parlait de « parcellitarisme », pour qualifier la transformation de tous les êtres en particules élémentaires entrant en interaction avec une infinité d'autres sur le marché globalisé. Alors que le totalitarisme « bascule dans l'illimitation de l'homogène, de l'unité hypostasiée en un corps collectif fantasmatique », « *la solution parcellitaire* bascule à l'inverse dans l'illimitation par le biais de l'exaltation de l'hétérogène et par le sacrifice de la liberté collective à une liberté individuelle elle aussi hypostasiée et fantasmée. »[2]

Ce serait souscrire à une forme d'irénisme politique que de postuler, avec la disparition des totalitarismes, la fin des totalisations en politique. Parler ainsi d'une nouvelle « société intégrale », comme le fait Cédric Lagandré, ce n'est pas faire d'amalgame entre les totalitarismes génocidaires et les

---

1. A. Huxley, *Le meilleur des mondes*, trad. J. Castier, Paris, Presses Pocket, 1983, p. 75-76. Le *soma* désigne une substance aux effets anxiolytiques et antidépresseurs, consommée de manière massive dans la société décrite par Huxley, et qui assure la cohésion sociale, en chassant toutes les idées noires qui peuvent surgir dans l'esprit des individus et en leur permettant de se consacrer aux activités plaisantes (sexe, distraction, etc).

2. A. Caillé, « Démocratie, totalitarisme et parcellitarisme » (*Revue du Mauss*, « Malaise dans la démocratie. Le spectre du totalitarisme », n° 25, 2005, p. 111).

sociétés libérales de marché, c'est trouver dans les premiers une source d'éclairage de la tendance des secondes à s'instituer comme des sociétés de contrôle, récusant tout écart entre la norme et les existences individuelles réduites à des comportements. La fin des marges signifie le dépassement de la politique, parce que celle-ci s'inscrit dans l'écart qui sépare l'individu de la communauté et qui est la condition de sa liberté. « L'homogénéité sociale maximale, c'est-à-dire exempte de toute *"insociabilité"* » s'est substituée aux écarts et aux différences et donc aux relations autonomes entre les individus. Il n'y a plus de vie commune, c'est-à-dire unissant des êtres différents, mais des vies identiques et isolées. « De cela nous sommes donc aussi les héritiers : exonérés de la contingence et de l'imperfection des structures politiques, nous rêvons d'une société parfaite, dans laquelle le *problème* politique sera définitivement résolu et seront dépassés les débats sans fin auxquels il donne lieu. Toute résistance à l'avènement de ce parfait doit être considérée comme un ralentissement illégitime, rétrograde, de l'histoire. Nous partageons malgré nous avec les totalitarismes le rêve utopique d'une sociabilité pure, d'une société intégrale et *sans histoire*, dans les deux sens du terme. »[1]. Ce qui s'oppose à cette tendance des sociétés libérales, c'est la démocratie, entendue non simplement comme une institution, mais comme l'implication des citoyens, comme l'espace ouvert à l'expression des différences, l'écart irréductible entre les êtres qui fonde la vie commune et l'existence politique des hommes.

---

1. C. Lagandré, *La société intégrale*, Paris, Climats, 2009, p. 25-26.

TEXTES ET COMMENTAIRES

TEXTE 1

HANNAH ARENDT,
Le système totalitaire [1]

Au lieu de dire que le régime totalitaire n'a pas de précédent, nous pourrions dire aussi qu'il a fait éclater l'alternative même sur laquelle reposaient toutes les définitions de l'essence des régimes dans la philosophie politique : l'alternative entre gouvernement sans lois et gouvernement soumis à des lois, entre pouvoir légitime et pouvoir arbitraire. Que le régime soumis à des lois et le pouvoir légitime d'une part, l'absence de lois et le pouvoir arbitraire d'autre part, aillent de pair au point d'être inséparables, voilà qui n'a jamais fait question. Pourtant, avec le pouvoir totalitaire nous sommes en présence d'un genre de régime totalement différent. Il brave, c'est vrai, toutes les lois positives jusqu'à celles qu'il a lui-même promulguées (ainsi la Constitution soviétique de 1936, pour ne citer que l'exemple le plus flagrant), ou celles qu'il ne s'est pas soucié d'abolir (la Constitution de Weimar, par exemple, que le régime nazi n'a jamais abrogée). Mais il n'opère jamais sans avoir la loi pour guide et il n'est pas non

1. H. Arendt, *Le système totalitaire*, dans *Les origines du totalitarisme*, trad. fr. J.-L. Bourget, R. Davreu, P. Levy, révisée par H. Frappat, Paris, Seuil, 2005, p. 283-286.

plus arbitraire : en effet, il prétend obéir rigoureusement et sans équivoque à ces lois de la Nature et de l'Histoire dont toutes les lois positives ont toujours été censées sortir.

Telle est la prétention monstrueuse, et pourtant apparemment sans réplique, du régime totalitaire que, loin d'être "sans lois", il remonte aux sources de l'autorité, d'où les lois positives ont reçu leur plus haute légitimation ; loin d'être arbitraire, il est plus qu'aucun autre avant lui soumis à ces forces surhumaines ; loin d'exercer le pouvoir au profit d'un seul homme, il est tout à fait prêt à sacrifier les intérêts vitaux immédiats de quiconque à l'accomplissement de ce qu'il prétend être la loi de l'Histoire ou celle de la Nature. Son défi aux lois positives est, assure-t-il, une forme plus élevée de légitimité qui, s'inspirant des sources elles-mêmes, peut se défaire d'une légalité mesquine. La légitimité totalitaire se vante d'avoir trouvé un moyen d'instaurer le règne de la justice sur la terre – à quoi la légalité du droit positif, de son propre aveu, ne pourrait jamais parvenir. L'écart entre légalité et justice ne pourrait jamais être comblé parce que les normes du bien et du mal dans lesquelles le droit positif traduit sa propre source d'autorité – la " loi nouvelle" qui gouverne tout l'univers, ou bien la loi divine que révèle l'histoire humaine, ou encore les coutumes et les traditions qui expriment la loi commune aux sentiments de tous les hommes – sont nécessairement générales et elles doivent pouvoir s'appliquer à un nombre incalculable et imprévisible de cas, de sorte que chaque cas concret et individuel, avec son concours de circonstances unique, leur échappe d'une manière ou d'une autre.

La légitimité totalitaire, dans son défi à la légalité et dans sa prétention à instaurer le règne direct de la justice sur terre, accomplit la loi de l'Histoire ou de la Nature sans la traduire en normes de bien et mal pour la conduite individuelle. Elle applique la loi directement au genre humain sans s'inquiéter de la conduite des hommes. La loi de la Nature ou celle de l'Histoire, pour peu qu'elles soient correctement exécutées, sont censées avoir la production du genre humain pour ultime produit ; et c'est cette espérance qui se cache derrière la prétention de tous les régimes totalitaires à un pouvoir planétaire. La politique totalitaire veut transformer l'espèce humaine en vecteur actif et infaillible d'une loi à laquelle, autrement, les hommes ne seraient qu'à leur corps défendant passivement soumis. S'il est vrai que le lien entre les pays totalitaires et le monde civilisé fut brisé par les crimes monstrueux des régimes totalitaires, il est également vrai que cette criminalité n'était pas imputable à la simple agressivité, à la cruauté, à la guerre et à la perfidie, mais à une rupture consciente de ce *consensus juris* qui, selon Cicéron, constitue un "peuple", et qui, en tant que loi internationale, a dans les temps modernes constitué le monde civilisé, dans la mesure où, même en période de guerre, il demeure la pierre angulaire des relations internationales. Le jugement moral et le châtiment légal présupposent tous deux, à la base, ce consentement ; le criminel ne peut être jugé avec équité que parce qu'il est partie prenante dans le *consensus juris* ; et même la loi divine révélée ne peut être en vigueur chez les hommes que lorsqu'ils l'écoutent et y consentent.

C'est ici que s'éclaire la différence fondamentale entre le concept totalitaire du droit et tous les autres. La politique totalitaire ne remplace pas un corpus de lois par un autre ; elle n'institue pas son propre *consensus juris*, elle ne crée pas, à la faveur d'une seule révolution, une nouvelle forme de légalité. Son défi à toutes les lois positives, y compris les siennes propres, implique qu'elle pense pouvoir se passer de tout *consensus juris*, sans pour autant se résigner à l'absence de lois, à l'arbitraire et à la peur qui caractérisent l'état de tyrannie. Elle peut se passer du *consensus juris* parce qu'elle promet d'affranchir l'accomplissement de la loi de toute action et de toute volonté humaines ; et elle promet la justice sur terre parce qu'elle prétend faire du genre humain lui-même l'incarnation de la loi.

Cette identification de l'homme et de la loi, qui semble annuler l'écart entre légalité et justice, casse-tête pour la pensée juridique depuis des temps anciens, n'a rien de commun avec la *lumen naturale* ou la voix de la conscience, grâce auxquelles la Nature ou la divinité, en tant que sources d'autorité pour le *jus naturale* ou les commandements historiquement révélés de Dieu, sont censés faire connaître leur autorité en l'homme lui-même. Cette dernière conception n'a jamais fait de l'homme une incarnation vivante de la loi, bien au contraire, elle a toujours maintenu la distinction entre celui-ci et celle-là, en tant qu'elle représente l'autorité qui réclame consentement et obéissance. Nature et Divinité en tant que sources d'autorité pour les lois positives étaient perçues comme permanentes et éternelles ; les lois positives étaient changeantes et changeables au gré des circonstances, mais elles possédaient une relative permanence en comparaison des changements bien plus rapides qui affectaient les actions humaines ; elles tiraient cette permanence de la présence éternelle de leur source d'autorité. Aux lois positives est donc en premier lieu assigné le rôle de facteurs de stabilisation pour les mouvements humains sans cesse changeants.

Dans l'interprétation totalitaire, toutes les lois sont devenues des lois de mouvement. Que les nazis parlent de la loi de la Nature ou que les bolcheviks parlent de celle de l'Histoire, ni la Nature ni l'Histoire ne sont plus la source d'autorité qui donne stabilité aux actions des mortels ; elles sont en elles-mêmes des mouvements. »

« LE TOTALITARISME CONTRE L'HUMANITÉ EN SA SPONTANÉITÉ »

UN RÉGIME RÉVOLUTIONNAIRE

Dans *Les origines du totalitarisme* (1951) et particulièrement dans le troisième volume (*Le totalitarisme*), Hannah Arendt a proposé une interprétation très féconde du totalitarisme qui en a fixé la représentation. Toute recherche concernant ce concept suppose une discussion avec elle. Se croisent dans le totalitarisme, selon Arendt, une idéologie totale et une terreur sans limites. L'entreprise culmine dans les camps, qui constituent « des laboratoires d'expérimentation de la domination totale »[1]. Pour Arendt, le « totalitarisme » ne qualifie que l'URSS depuis 1930 et le nazisme depuis 1938. 1930 marque le début de la « dékoulakisation » qui signe l'entrée dans une terreur aux objectifs indéfinis et donc sans limites. 1938 est l'année à partir de laquelle la persécution des

---

1. H. Arendt, *Le système totalitaire*, *op. cit.*, p. 241.

juifs prend une tournure génocidaire avec la « Nuit de Cristal »
où, outre les morts, 30 000 juifs de sexe masculin sont envoyés
en camp de concentration. Concernant la Chine maoïste, elle
récuse son caractère totalitaire, dans la préface de l'édition de
1966 de son ouvrage : « il a toujours été clair que la pensée de
Mao-Tsé-toung n'a pas suivi les voies tracées par Staline (ou,
par Hitler en l'occurrence), qu'il n'était pas d'instinct un
assassin et que le sentiment nationaliste, si prépondérant au
sein de tous les soulèvements révolutionnaires dans les pays
anciennement colonisés, fut suffisamment fort pour imposer
des limites à la domination totale »[1]. Mais elle signale en
même temps le manque d'informations dont les chercheurs
disposent.

Dans le texte que nous avons choisi d'analyser,
Arendt montre que le totalitarisme n'est pas un régime politique comme les autres, parce que ce qu'il vise, ce n'est pas
classiquement la stabilisation de la société ni la reconnaissance
de la légitimité de son exercice du pouvoir, susceptibles de lui
donner la force dont il a besoin. Le totalitarisme est un régime
de nature révolutionnaire, pas seulement parce qu'il boule-
verse en permanence l'organisation de la société, en la soumettant à l'idéologie et la terreur, mais parce qu'il a pour objectif
de transformer le sens même de la société, de détruire les liens
humains autonomes. Cet objectif anime le totalitarisme et,
même s'il est impossible à réaliser, il implique, par sa
radicalité, un changement de nature du pouvoir et de son
exercice et une destruction sans précédent des structures
sociales et culturelles des nations.

---

1. H. Arendt, *Le système totalitaire*, *op. cit.*, préface, p. 13, note 8.

FAIRE DISPARAÎTRE L'ACTION

Le totalitarisme ne s'en tient de ce fait pas à une surveillance et à un contrôle de l'espace public, il fait disparaître la séparation entre le privé et le public et retire à la société et à l'individu toute protection en les soumettant intégralement au Parti. Le texte étudie le bouleversement, la destruction même, subie par le droit, lequel définit les relations entre pouvoir et société et entre individu et société. Toutefois, cela n'apparaîtrait que comme la conséquence d'une croissance du pouvoir, si Arendt ne montrait en même temps que ce qui caractérise le totalitarisme n'est pas d'abord une violence accrue due à « la simple agressivité » ou à « la cruauté », mais une rupture radicale avec ce qui est au cœur des relations humaines à l'intérieur d'une société et entre les sociétés, la reconnaissance d'une humanité commune et donc de limites de droit à l'action, qui garantissent à chacun une protection et assurent la sincérité des échanges. Le totalitarisme ne commet pas seulement des crimes plus affreux et en plus grand nombre, il s'en prend à ce qui permet que l'existence humaine ne se résume pas à la violence et à la guerre, cette reconnaissance de l'humanité, de l'imperfection qu'elle implique et des limites qu'elle impose.

Le texte montre le caractère radical du totalitarisme, puisque la transformation imposée au droit en change la signification-même. Le droit ne protège plus les hommes ou les sociétés, il ne se définit plus par rapport à l'existence des hommes et des sociétés, il met de côté ce qui est au cœur de l'existence humaine, à savoir l'action et la contingence à l'intérieur de laquelle elle s'inscrit. Les hommes, pour le régime totalitaire, ne doivent pas agir, c'est-à-dire prendre des initiatives, entreprendre quelque chose de neuf à partir d'eux-mêmes. L'action est en effet une dimension qui échappe, par essence, à l'emprise du pouvoir, elle a pour condition autant que pour signification la liberté. On voit de ce fait ce qui sépare les régimes totalitaires des autres types de despotisme, puisque ceux-ci ne s'en prennent pas à l'action en tant que telle, mais à l'action en sa dimension proprement publique seulement. Arendt montre en effet que le totalitarisme ne s'en tient pas à « l'absence de lois, à l'arbitraire et à la peur qui caractérisent l'état de tyrannie ».

L'auteur reprend ici l'analyse que Montesquieu consacre au « principe d'action » des régimes politiques, lequel suppose la reconnaissance de l'initiative des hommes et inspire en même temps le gouvernement et les citoyens dans l'action publique. Dans le cas de la tyrannie, l'initiative est toutefois réservée à un seul homme, le tyran, les rapports entre le pouvoir et ses sujets étant de crainte mutuelle et la peur empê-chant l'action plus qu'elle ne la permet. Mais l'action n'est pas impossible, la politique du tyran constitue elle-même une action. Par opposition, on ne peut parler pour les régimes totalitaires de « principe d'action », parce que, en cherchant à soumettre l'histoire à des lois supra-humaines, ils prétendent que règne une nécessité inhumaine, qui donne leur significa-tion aux processus d'extermination qui les caractérisent. Le totalitarisme rejette l'action, les hommes sont de simples figu-rants. C'est pourquoi Arendt écrit : « Ce dont la domination totalitaire a besoin, en guise de principe d'action, c'est d'une préparation des individus qui les destine à remplir aussi bien la fonction de bourreau et celle de victime. Or, cette double propédeutique, succédané du principe d'action, n'est autre que l'idéologie »[1]. L'idéologie s'oppose directement à l'action, parce qu'elle rejette toute délibération et toute décision, au

---

1. H. Arendt, *La nature du totalitarisme, op.cit.*, p. 107.

profit d'une soumission et d'un fanatisme aveugles. Mais la disparition de l'action n'est pas seulement un fait, dont pourraient également se targuer les tyrannies, elle s'inscrit dans le registre du droit et revêt un caractère systématique.

DES LOIS COMME LIMITES…

Dans les régimes politiques normaux, les lois ont « le rôle de facteurs de stabilisation pour les mouvements humains sans cesse changeants ». Elles imposent aux actions humaines des cadres et des limites qui ne sont, certes, pas immuables, parce que le domaine de l'action est celui de la contingence, mais qui créent des conditions communes à tous les membres d'une société, participent à l'existence d'un monde partagé et stabilisent de ce fait l'instable (« les lois positives étaient changeantes et changeables au gré des circonstances, mais elles possédaient une relative permanence en comparaison des changements bien plus rapides qui affectaient les actions humaines »). Ces lois ont longtemps tiré leur permanence « de la présence éternelle de leur source d'autorité », la Nature ou Dieu. Dans les régimes modernes, sans perdre totalement sa transcendance, cette autorité n'est plus éternelle, elle renvoie à la volonté de vivre ensemble, à l'unanimité nécessaire « au moins une fois » décrite par Rousseau (*Du contrat social*, livre 1, chap. 5), ou au bon usage de la raison et à la connaissance fondée sur l'expérience. Dans tous les cas, les lois positives tirent leur solennité du fait qu'elles en émanent, mais comme elles ne coïncident pas avec elle, elles restent contingentes et sont menacées par l'usure et même par la contestation. Cette séparation fragilise également l'autorité elle-même, parce qu'elle en fait un principe abstrait et éloigné. Malgré sa transcendance plus ou moins radicale, elle demeure, comme les lois qu'elle légitime, humaine, trop humaine.

La séparation entre les lois et la source de leur légitimité – « l'écart entre légalité et justice » – implique que les directives imposées par les lois ne sont pas immuables, ont vocation à changer et à s'adapter et en fait des cadres généraux qui n'empêchent pas, mais supposent au contraire le pouvoir d'agir, la capacité d'initiative. Cette séparation est donc la condition de la liberté, parce qu'elle permet que l'homme ne soit pas « une incarnation vivante de la loi », ce qui le priverait de toute indépendance et de tout pouvoir de choisir[1]. C'est justement là ce qui est rejeté par les totalitarismes. Les facultés présentes en l'homme et qui le rendent justiciable des lois de Dieu ou de la Nature ne l'y soumettent pas automatiquement et ne lui retirent pas sa capacité de décider. La « *lumen naturale* », la « voix de la conscience » ou de la raison ne libèrent en effet pas les hommes de la puissance des passions, ni ne les privent de leur individualité. En tant que facultés naturelles, elles sont cependant indéracinables, ce qui fait dire à Kant que les hommes peuvent s'endurcir, mais pas ne pas entendre la voix de la loi morale, et donc qu'il ne saurait exister de mal absolu, tourné contre l'existence de la loi[2], mais seulement une corruption qui fait passer l'intérêt particulier avant la loi.

---

1. De la difficile articulation de la norme générale et des cas particuliers procèdent la casuistique et la jurisprudence, dans les domaines respectifs de la morale et de la justice.

2. « Donc, pour donner un fondement du mal moral dans l'homme, la *sensibilité* contient trop peu ; car, en ôtant les motifs qui peuvent naître de la liberté, elle rend l'homme purement *animal* ; mais en revanche une *raison* qui libère de la loi morale, maligne en quelque sorte (une volonté absolument mauvaise) contient trop au contraire, parce que par là l'opposition à la loi serait même élevée au rang de motif […] et le sujet deviendrait ainsi un être *diabolique*. Aucun de ces deux cas ne s'applique à l'homme. » (E. Kant, *La religion dans les limites de la simple raison*, trad. J. Gibelin revue par M. Naar, Paris, Vrin, 1994, p. 78).

Or, ce que nous apprend l'étude des principes idéologiques qui animent les régimes totalitaires, c'est que les lois y changent totalement de sens. En place des lois morales comme des lois positives qui limitent les pouvoirs et protègent de ce fait les hommes, on trouve des lois idéologiques qui substituent à la spontanéité de l'homme des caractéristiques raciales ou sociales. Pour l'idéologie totalitaire, l'homme n'existe pas, il est à construire. Les hommes existants peuvent donc être détruits, puisqu'ils s'opposent, par la spontanéité qui est attachée naturellement à leur existence, aux vérités idéologiques. Le totalitarisme réalise ainsi le mal absolu. «En devenant possible, l'impossible devint le mal absolu, impunissable autant qu'impardonnable, celui que ne pouvaient plus expliquer les viles motivations de l'intérêt personnel, de la culpabilité, de la convoitise, du ressentiment, de l'appétit de puissance et de la couardise [...]. De même que les victimes, dans les usines de la mort ou dans les oubliettes, ne sont plus "humaines" aux yeux de leurs bourreaux, de même, cette espèce entièrement nouvelle de criminels est au-delà des limites où la solidarité humaine peut s'exercer dans le crime. [...] Le mal radical est, peut-on dire, apparu en liaison avec un système où tous les hommes sont, au même titre, devenus superflus. Les manipulateurs de ce système sont autant convaincus de leur propre superfluité que de celle des autres, et les meurtriers totalitaires sont d'autant plus dangereux qu'ils se moquent d'être eux-mêmes vivants ou morts, d'avoir jamais vécu ou de n'être jamais nés »[1].

---

1. H. Arendt, *Le système totalitaire, op. cit.*, p. 277-278.

… AUX LOIS IDÉOLOGIQUES DE MOUVEMENT

Dans le texte choisi, Arendt montre que les régimes totalitaires ne font pas régner l'arbitraire du groupe dirigeant ou des forces policières et ne prolongent donc pas les pratiques despotiques, qui se placent au-dessus de toutes les lois et n'en reconnaissent aucune, mais qu'ils se réfèrent en permanence à des lois absolues et immuables, qui ne produisent pourtant aucune stabilité, parce qu'elles « sont devenues des lois de mouvement ». Ils ne rejoignent évidemment pas non plus les régimes dont le pouvoir est limité par une constitution et des lois positives contraignantes. C'est pourquoi l'auteur écrit : le totalitarisme « a fait éclater l'alternative même sur laquelle reposaient toutes les définitions de l'essence des régimes dans la philosophie politique : l'alternative entre gouvernement sans lois et gouvernement soumis à des lois, entre pouvoir légitime et pouvoir arbitraire ». Il constitue donc une catégorie nouvelle, tout à fait à part, puisque, à la fois, il se soumet lui-même à des lois et constitue un pouvoir de terreur sans limites, mélange d'une manière radicale la référence à des lois (mais des lois surhumaines qui décident de tout) et la violation des lois positives auxquelles il n'accorde aucun crédit : « il brave […] toutes les lois positives jusqu'à celles qu'il a lui-même promulguées […] ou celles qu'il ne s'est pas soucié d'abolir […]. Mais il n'opère jamais sans avoir la loi pour guide et il n'est pas non plus arbitraire ». S'il a en commun avec les États de droit de faire de la loi le seul maître, il ne s'agit pas de la loi qui limite et protège[1]. S'il a en commun avec les

---

1. « Nous ne laissons pas un homme nous gouverner, nous voulons que ce soit la loi, parce qu'un homme ne le fait que dans son intérêt propre et devient tyran ; mais le rôle de celui qui exerce l'autorité, est de garder la justice, et

régimes arbitraires d'exercer une violence et une terreur extrêmes, ce n'est pas parce qu'il poursuit des intérêts particuliers ou expriment une jouissance du pouvoir, mais parce qu'il sacrifie les hommes à une idéologie pour laquelle ils sont tous superflus et n'ont aucune valeur.

Les mouvements totalitaires constituent une réaction au déracinement, ils offrent un débouché à des populations victimes de la désolation et de la superfluité dans le contexte d'entrée dans la modernité capitaliste. Rejetant l'atomisation sociale, le totalitarisme ne recrée pas de lien social, parce qu'il prive la société de toute indépendance et de toute initiative. Mais, face à l'érosion des sociétés de classes, des structures traditionnelles d'organisation, qui a rendu l'avenir incertain et soumis l'histoire à une contingence déstabilisante, il prétend rendre un avenir aux populations, en les agglomérant dans des structures de masse et en leur donnant ainsi une force nouvelle.

Du point de vue du droit, Arendt montre que les totalitarismes s'opposent à tout ce qui fonde une incertitude dans son application, en définissant un nouveau régime de la loi, lequel ne constitue plus seulement un cadre pour les actions humaines, mais la substance vivante d'une société nouvelle et d'un homme nouveau. «La loi de la Nature ou celle de l'Histoire, pour peu qu'elles soient correctement exécutées, sont censées avoir la production du genre humain pour ultime produit; et c'est cette espérance qui se cache derrière la prétention de tous les régimes totalitaires à un pouvoir planétaire. » Pour dépasser l'homme ancien, tout ce qui rend la loi précaire et souvent impuissante doit être écarté, en premier lieu l'autonomie de l'individu et de la société. Les organisations de

gardant la justice, de garder aussi l'égalité. », (Aristote, *Éthique à Nicomaque*, V, 10, 1134 a 35, trad. J. Tricot, Paris, Vrin, 1990, p. 249).

masse, en imposant dans leurs rangs une discipline de fer, fondée sur le conditionnement dès le plus jeune âge et sur la brutalité, et en couvrant l'ensemble de la communauté, sont en mesure de faire de la loi une seconde nature pour la société. De ce fait, les hommes perdent la capacité d'initiative, de faire un pas de côté, ils ne sont plus seulement privés de toutes forces d'organisation propres, mais expérimentent sans cesse leur impuissance individuelle (l'action reste possible, comme le montre le mouvement de la Rose blanche, mais elle s'affronte en permanence à des obstacles qui la dissuadent et l'épuisent) et, pour la plus grande partie de la société, ils sont devenus des militants d'un nouveau type, qui expriment par la compacité de leur rassemblement, la domination des lois idéologiques nouvelles. « La politique totalitaire veut transformer l'espèce humaine en vecteur actif et infaillible d'une loi à laquelle, autrement, les hommes ne seraient qu'à leur corps défendant passivement soumis. »

Dans ce nouveau régime du droit, qui exclut l'action humaine en sa contingence, les lois sont censées se substituer à la réalité, puisqu'elles sont l'Histoire elle-même, son expression, sous sa forme naturaliste nazie ou matérialiste soviétique. Le totalitarisme s'efforce de faire disparaître les séparations de fait (ce sont des réalités empiriques indépassables) mais également de droit (elles sont les conditions de l'action et de la liberté) entre le pouvoir et la société, entre la loi et l'action, entre la légitimité et la légalité, entre l'histoire et l'individu, afin de réaliser cette fusion synonyme d'organisation totale de la communauté et de dépassement des sources de l'anomie sociale. Tout doit céder devant l'idéologie, la volonté individuelle comme le réalisme et le simple attachement à la survie (par exemple, le nazisme a donné jusqu'au bout la priorité à l'extermination des juifs sur la poursuite des actions militaires contre l'URSS). « Loin d'exercer le pouvoir au profit d'un seul homme, […] le régime totalitaire est tout à fait prêt à sacrifier les intérêts vitaux immédiats de quiconque à l'accomplissement de ce qu'il prétend être la loi de l'Histoire ou celle de la Nature. »

Le « droit totalitaire » (s'il est encore possible de parler ici de droit) marginalise la légalité (« légalité mesquine ») – la police secrète nazie venait arrêter à la sortie des tribunaux ordinaires des personnes relaxées par la justice, Soljénitsyne décrit les scènes kafkaïennes d'arrestation d'innocents pendant la pire période stalinienne –, il la subordonne aux nécessités de l'idéologie, en faisant coïncider la « situation d'exception » avec l'ordre normal des choses. Mais en place de l'arbitraire, ce qui en résulte c'est la prétention de remonter « aux sources de l'autorité », à « une forme plus élevée de légitimité », ou encore « d'instaurer le règne de la justice sur la terre. » Pour gommer la séparation de l'individu et de la communauté, de la société et de son destin ou de la terre et du ciel, le totalitarisme fait l'économie de l'action et donc des normes qui l'organisent et lui donnent un sens moral et social. En effet « les normes du bien et du mal », comme elles se rapportent à l'action, c'est-à-dire à « la conduite individuelle, « sont nécessairement générales » et ne maîtrisent donc pas tous les cas particuliers, en « nombre incalculable et imprévisible », auxquels elles ont à s'appliquer et qui ainsi « leur échappe[nt] d'une manière ou d'une autre ». Cette impuissance est consubstantielle à la loi, parce que cette dernière présuppose que les conduites des hommes ne se confondent pas avec elle, mais qu'elle peut seulement leur imposer des limites et des obligations qui leur permettent de coexister.

Le totalitarisme prétend ainsi donner à la loi une puissance sans précédent, en écartant le relativisme et la jurisprudence qui accompagnent nécessairement le droit et son exercice. Les régimes totalitaires se réfèrent à des lois qui ne sont pas des lois

positives, mais des lois idéologiques censées décrire le cours
de l'Histoire, du point de vue du matérialisme historique ou du
racisme biologique. Ils écartent de ce fait l'expérience de la
réalité et lui substitue « une sorte de sur-sens que les idéologies
ont effectivement toujours eu en vue lorsqu'elles prétendaient
avoir découvert la clef de l'histoire, ou la solution aux énigmes
de l'univers »[1]. Ces lois servent de fil conducteur aux activités
terroristes totalitaires, elles justifient toutes les opérations de
répression, de conquête ou d'extermination que ces régimes
entreprennent. Elles n'ont donc pas vocation à trouver une
traduction dans l'action des individus et de la société, mais à
faire que ces derniers s'intègrent de manière automatique à
leur déploiement sous la forme de l'Histoire, en réprimant
toute interrogation ou tout dialogue autour des normes qui
impliquerait une indépendance par rapport à la domination de
l'idéologie[2]. « La légitimité totalitaire, dans son défi à la
légalité et dans sa prétention à instaurer le règne direct de la
justice sur terre, accomplit la loi de l'Histoire ou de la Nature
sans la traduire en normes de bien et mal pour la conduite
individuelle. » Comme les hommes perdent toute indépen-

---

1. H. Arendt, *Le système totalitaire, op. cit.*, p. 275.
2. Dans une nouvelle de Soljénistyne, « L'inconnu de Krétchétovka »,
(dans *La maison de Matriona*, trad. L. et A. Robel, Paris, Presses Pocket, 1982,
p. 70-71), le lieutenant Zotov s'interroge : « Mais il ne s'agissait pas de
Krétchétovka, il s'agissait de savoir pourquoi la guerre se déroulait ainsi. Non
seulement la révolution n'avait pas gagné toute l'Europe, non seulement
l'Union soviétique n'y avait pas pénétré sans effusion de sang envers et contre
toutes les machinations des agresseurs, mais à présent, la question était de
savoir : jusqu'à quand ? Quoi qu'il fit dans la journée et le soir en se couchant,
Zotov ne cessait de se demander jusqu'à quand. [...] Pour Vassili Zotov, c'était
un crime que d'effleurer simplement ces terrifiantes questions. C'était une
réprobation, c'était une offense à l'encontre du Père et Maître tout-puissant, au
savoir universel, toujours à sa place, qui prévoyait tout, prenait toutes les
mesures voulues, à qui rien n'échappait. »

dance et ne sont censés plus constituer qu'un seul Homme à l'échelle d'une société, le totalitarisme «applique la loi directement au genre humain sans s'inquiéter de la conduite des hommes.»

LA FIN DU DROIT

«C'est ici que s'éclaire la différence fondamentale entre le concept totalitaire du droit et tous les autres.» La rupture est totale, parce que le «droit totalitaire» ne légifère ni ne juge au sujet d'actions, mais impose un ordre idéologique indifférent aux hommes et parce qu'il brise les liens qui ont uni tous les hommes et toutes les sociétés de toutes les époques, la reconnaissance d'une commune humanité, certes déchirée et conflictuelle, souvent dominée par des dictatures violentes et agressives, mais conservant des intérêts et des principes en commun, qui permettent par exemple de terminer une guerre honorablement. «S'il est vrai que le lien entre les pays totalitaires et le monde civilisé fut brisé par les crimes monstrueux des régimes totalitaires, il est également vrai que cette criminalité n'était pas imputable à la simple agressivité, à la cruauté, à la guerre et à la perfidie, mais à une rupture consciente de ce *consensus juris* qui, selon Cicéron, constitue un "peuple", et qui, en tant que loi internationale, a dans les temps modernes constitué le monde civilisé, dans la mesure où, même en période de guerre, il demeure la pierre angulaire des relations internationales.»

Cette humanité des relations disparaît dans le totalitarisme, parce qu'il n'y a plus de relations humaines spontanées, propres, culturelles, mais que tout est médiatisé par l'idéologie. Ainsi l'«ennemi objectif» (l'ennemi que le régime a besoin de s'inventer en permanence, mais qui n'est coupable de rien) ne peut-il se défendre, faire reconnaître son innocence (ou se faire condamner pour des actes effectivement commis), puisqu'il n'est pas un homme à qui on reproche des actions précises, mais doit être exterminé comme un parasite, dont l'existence même est synonyme de nuisance (on rejoint ici la notion de crime contre l'humanité). De même, les relations entre les nations sont conçues sur le modèle exclusif de la domination, de la guerre et de l'expansion.

Le « *consensus juris* » dont parle Arendt désigne, dans *La République* de Cicéron[1], l'accord qui est à la source de l'existence commune d'un peuple. Dans le cas de la tyrannie, la chose du peuple devient celle du pouvoir, mais il ne saurait être question pour un tyran de détruire radicalement la communauté des hommes. Alors que, dans le totalitarisme, ce qui disparaît, dans la continuité du processus de massification moderne, c'est le « "consentement" » commun qui, si l'on en croit Cicéron, constitue l'*inter-est*, ce qui est entre les hommes, ce qui se déploie dans tous les domaines, du matériel au spirituel. Cet "entre", qui peut aussi bien désigner un terrain commun qu'un dessein commun, remplit toujours la double fonction de lier les hommes ensemble *et* de les tenir séparés d'une manière articulée »[2]. Ce « consentement commun » est ce qui fait de l'existence des hommes une réalité indépassable, une valeur suprême persistant par-delà toutes les haines et conflits, ce qui fait que tous les États, tous les individus reconnaissent des limites à leurs actions. Pour éviter tout

---

1. « La chose publique donc, dit Scipion, est la chose du peuple ; toutefois un peuple n'est pas n'importe quelle association d'individus groupés de n'importe quelle façon, mais une association de nombreux êtres humains réunis en société par l'acquiescement au droit [*jurisconsensu*] et la communauté des intérêts. », (Cicéron, *De la République*, I, 25, trad. Ch. Appuhn, Paris, Garnier Flammarion, 1965, p. 27).

2. H. Arendt, « Une réponse à Eric Voegelin », art. cit., p. 971-972.

irénisme, on doit toutefois remarquer que le totalitarisme n'est pas unique dans l'histoire, puisque des exterminations de l'Antiquité, du Moyen Âge ou de la modernité (Amérindiens) à la fabrication des bombes atomiques[1], de l'ethnocentrisme au racisme, l'existence d'une humanité commune a été contestée en permanence. Pourtant, par son intensité, par la violence tournée non seulement contre l'extérieur mais aussi bien contre son peuple, par la séparation sans cesse réaffirmée entre le même et l'autre, le régime totalitaire est unique, il a récusé la sociabilité naturelle et l'existence d'une humanité extérieure et supérieure au sur-sens idéologique.

Le « *consensus juris* » est à la source de la vie commune, parce qu'il régit toutes les relations sociales, en remplaçant la violence par le droit. Il est ce qui maintient unie la collectivité, par-delà les conflits et violations possibles. Ce « consentement au droit » est la condition d'existence de l'humanité universelle, puisqu'il permet que chaque homme s'y rattache, et que, sans lui, il n'y a de place que pour une violence sans limites. Une loi ne peut trouver d'application, en dehors de l'exercice de la simple répression, que parce que chacun en reconnaît la justice ou du moins la légitimité. Dans les sociétés dites traditionnelles, où ce n'est pas la décision collective qui est à la source de l'exercice du pouvoir, et même s'il n'est pas le produit d'une réflexion menée librement par l'homme raisonnable, un tel consentement existe. Sans lui, la vie collective n'existerait pas ou serait réduite à une agglomération d'individus par la contrainte, à la manière d'une situation d'esclavage.

---

1. « Une victoire du système concentrationnaire signifierait la même inexorable condamnation pour les êtres humains que l'usage de la bombe à hydrogène aurait pour le destin de la race humaine. » (H. Arendt, *Le système totalitaire*, *op. cit.*, p. 252).

La relation que le « *consensus juris* » permet entre les individus et la société est au principe non simplement du respect des lois, mais aussi de la justice réparatrice, puisque quelqu'un qui commet un délit ou un crime à la fois bénéficie de la protection de la loi quand il est arrêté (comme le stipule l'acte de l'*habeas corpus* anglais) et jugé et doit reconnaître que la punition qu'il subit est son droit propre[1]. Sans ce consentement, il n'y aurait en effet ni loi ni justice, ni justice de la loi (« le criminel ne peut être jugé avec équité que parce qu'il est partie prenante dans le *consensus juris* »). Arendt montre même que l'ensemble de l'existence morale et juridique des hommes dépend de cet « acquiescement au droit » : « Le jugement moral et le châtiment légal présupposent tous deux, à la base, ce consentement ». En effet, pour qu'un sujet se juge lui-même ou se sente concerné par le jugement d'autrui, il faut qu'il ait consenti à la loi morale. La perversion morale consiste ainsi à écarter toute considération pour la loi morale ou de la marginaliser au profit d'une obéissance inconditionnelle à des critères autres, intérêt personnel ou sur-sens idéologique[2].

---

1. « La répression qui atteint la personne du criminel n'est pas seulement juste en soi – en tant que juste, elle est en même temps sa volonté existant en soi, l'existence empirique de sa liberté, son droit – mais elle est aussi un droit propre au criminel lui-même ». (G.W.F. Hegel, *Principes de la philosophie du droit ou droit naturel et science de l'État en abrégé*, § 100, trad. R. Derathé, Paris, Vrin, 1989, p. 143). « Cette répression cesse d'être un simple acte sub-jectif et contingent de représailles, comme la vengeance, et devient la vraie réconciliation du droit avec lui-même. […] Du point de vue subjectif, elle est la réconciliation du criminel avec la loi, qui est sa loi, qu'il connaît et dont il reconnaît la validité pour lui et pour sa protection. » (*ibid.*, § 220, p. 239).

2. « La déformation inconsciente d'Eichmann correspond à ce qu'il nommait lui-même une adaptation de Kant "à l'usage domestique du petit homme". Dans un tel usage domestique, tout ce qui reste de l'esprit kantien est l'exigence qu'un homme doit faire plus qu'obéir à la loi, qu'il doit aller au-delà du simple impératif d'obéissance et identifier sa propre volonté au principe

Tous les jugements que les hommes portent sur leurs actions ou celles des autres dépendent finalement de cette reconnaissance première des principes. Arendt affirme ainsi que « même la loi divine révélée ne peut être en vigueur chez les hommes que lorsqu'ils l'écoutent et y consentent ». Morale, justice, religion, tout part d'un acte primitif que les hommes font, se placer sous l'autorité de lois qui ensuite les dépassent, leur imposent des limites et des obligations, les jugent et les sanctionnent, les unissent aux autres, exigent d'eux qu'ils renoncent à leurs désirs et à leur violence et les font advenir, en contre-partie, comme sujets moraux, sujets de droit, membres d'une société, fidèles d'une religion.

« La politique totalitaire [...] pense pouvoir se passer de tout *consensus juris*, [...] parce qu'elle promet d'affranchir l'accomplissement de la loi de toute action et de toute volonté humaines ; et elle promet la justice sur terre parce qu'elle prétend faire du genre humain lui-même l'incarnation de la loi. » Ce passage du texte concentre l'essentiel de l'analyse qu'Arendt fait du totalitarisme. Ce qui est mis entre parenthèses, par le régime totalitaire, c'est la relation bilatérale de l'homme et des lois, parce que ces dernières ne nécessitent ici aucune adhésion, « le genre humain » devenant lui-même « l'incarnation de la loi ». En effet, dans un régime totalitaire parfait, « où tous les hommes sont devenus Un Homme », les individus se fondent dans des masses anonymes qui, par leur organisation quasi militaire, deviennent le « vecteur actif et infaillible » de la loi. Les hommes ne doivent pas penser, mais devenir des exécutants des lois de l'Histoire ou de la Nature.

qui sous-tend la loi – la source d'où jaillit la loi. Dans la philosophie de Kant, cette source était la raison pratique ; dans l'usage domestique qu'en faisait Eichmann, c'était la volonté du Führer. », (H. Arendt, *Eichmann à Jérusalem*, in *Les origines du totalitarisme –Eichmann à Jérusalem*, *op. cit.*, p. 1150).

Les régimes totalitaires visent donc la disparition de tout écart par rapport à l'ordre du monde, l'écart de la pensée, de l'individualité, de l'action, de la culture. L'analyse d'Arendt éclaire ainsi le propos d'Hitler (Congrès des Juristes, Leipzig, octobre 1933) : « L'État total ne tolérera aucune distinction en Droit et morale »[1]. Le « droit » totalitaire veut faire disparaître l'accord autour des lois, au profit d'une dissolution de l'humanité (avec ses civilisations) dans le mouvement d'une histoire conçue comme guerre des classes ou des races.

Arendt précise toutefois qu'aucun régime totalitaire n'a conquis la terre entière ni « réduit tout homme à l'état d'organe d'un seul genre humain ». Ce que le totalitarisme a en effet réussi à faire, c'est moins à créer une nouvelle humanité, qu'à détruire celle qui existe, en la privant de ce qui lui donne vie (la spontanéité et la culture), par la délégitimation de toute différence.

---

1. Cité par J. Verdès-Leroux, « Sociologie des langages et État totalitaire », *Cahiers internationaux de sociologie*, n° 2, 1973, p. 360.

TEXTE 2

GEORGE ORWELL
1984[1]

— Je me donne du mal pour vous Winston, parce que vous en valez la peine. Vous savez parfaitement ce que vous avez. Vous le savez depuis des années, bien que vous ayez lutté contre cette certitude. Vous êtes dérangé mentalement. Vous souffrez d'un défaut de mémoire. Vous êtes incapables de vous souvenir d'événements réels et vous vous persuadez que vous vous souvenez d'autres événements qui ne se sont jamais produits. Heureusement, cela se guérit. Vous ne vous êtes jamais guéri, parce que vous ne l'avez pas voulu. Il y avait un petit effort de volonté que vous n'étiez pas prêt à faire. Même actuellement, vous vous accrochez à votre maladie avec l'impression qu'elle est une vertu. Prenons maintenant un exemple. Avec quelle puissance l'Océania est-elle en guerre en ce moment ?

— Quand j'ai été arrêté, l'Océania était en guerre avec l'Estasia.

— Avec l'Estasia. Bon. Et l'Océania a toujours été en guerre avec l'Estasia, n'est-ce pas ?

---

1. George Orwell, *1984*, trad. fr. A. Audiberti, Paris, Gallimard, 1950, p. 348-353.

Winston retint son souffle. Il ouvrit la bouche pour parler mais ne parla pas. Il ne pouvait éloigner ses yeux du cadran.

— La vérité, je vous prie, Winston. *Votre* vérité. Dites-moi ce que vous croyez vous rappeler.

— Je me rappelle qu'une semaine seulement avant mon arrestation, nous n'étions pas du tout en guerre avec l'Estasia. Nous étions les alliés de l'Estasia. La guerre était contre l'Eurasia. Elle durait depuis quatre ans. Avant cela…

O'Brien l'arrêta d'un mouvement de la main.

— Un autre exemple, dit-il. Il y a quelques années, vous avez eu une très sérieuse illusion, en vérité. Vous avez cru que trois hommes, trois hommes à un moment membres du Parti, nommés Jones, Aaronson et Rutherford, des hommes qui ont été exécutés pour trahison et sabotage après avoir fait une confession aussi complète que possible, n'étaient pas coupables des crimes dont ils étaient accusés. Vous croyiez avoir vu un document indiscutable prouvant que leurs confessions étaient fausses. Il y avait une certaine photographie à propos de laquelle vous aviez une hallucination. Vous croyiez l'avoir réellement tenue entre vos mains. C'était une photographie comme celle-ci.

Un bout rectangulaire de journal était apparu entre les doigts d'O'Brien. Il resta dans le champ de vision de Winston pendant peut-être cinq secondes. C'était une photographie, et il n'était pas question de discuter son identité. C'était la photographie. C'était une copie de la photographie de Jones, Aaronson et Rutherford à la délégation du Parti à New York, qu'il avait possédée onze ans auparavant et qu'il avait promptement détruite. Un instant seulement, il l'eut sous les yeux, un instant seulement, puis elle disparut de sa vue. Mais il l'avait vue! Sans aucun doute, il l'avait vue. Il fit un effort d'une violence désespérée pour se tordre et libérer la moitié supérieure de son corps. Il lui fut impossible de se mouvoir, dans aucune direction, même d'un centimètre. Il avait même pour l'instant oublié le cadran. Tout ce qu'il désirait, c'était tenir de nouveau la photographie entre ses doigts, ou au moins la voir.

— Elle existe ! cria-t-il.

— Non ! répondit O'Brien.

O'Brien traversa la pièce. Il y avait un trou de mémoire dans le mur d'en face. Il souleva le grillage. Invisible, le frêle bout de papier tournoyait, emporté par le courant d'air chaud et disparaissait dans un rapide flamboiement. O'Brien s'éloigna du mur.

— Des cendres ! dit-il. Pas même des cendres identifiables, de la poussière. Elle n'existe pas. Elle n'a jamais existé.

— Mais elle existe encore ! Elle doit exister ! Elle existe dans la mémoire ! Dans la mienne ! Dans la vôtre !

— Je ne m'en souviens pas, dit O'Brien.

Le cœur de Winston défaillit. C'était de la double-pensée. Il avait une mortelle sensation d'impuissance. S'il avait pu être certain qu'O'Brien mentait, cela aurait été sans importance. Mais il était parfaitement possible qu'O'Brien eût, réellement, oublié la photographie. Et s'il en était ainsi, il devait avoir déjà oublié qu'il avait nié s'en souvenir et oublié l'acte d'oublier. Comment être sûr que c'était de la simple supercherie ? Peut-être cette folle dislocation de l'esprit pouvait-elle réellement se produire. C'était par cette idée que Winston était vaincu.

O'Brien le regardait en réfléchissant. Il avait, plus que jamais, l'air d'un professeur qui se donne du mal pour un enfant égaré, mais qui promet.

— Il y a un slogan du Parti qui se rapporte à la maîtrise du passé, dit-il. Répétez-le, je vous prie.

— Qui commande le passé commande l'avenir ; qui commande le présent commande le passé, répéta Winston obéissant.

—Qui commande le présent commande le passé, dit O'Brien en faisant de la tête une lente approbation. Est-ce votre opinion, Winston, que le passé a une existence réelle ?

De nouveau, le sentiment de son impuissance s'abattit sur Winston. Son regard vacilla dans la direction du cadran. Non seulement il ne savait pas lequel de « oui » ou de « non » le sauverait de la souffrance, mais il ne savait même pas quelle réponse il croyait être la vraie.

O'Brien sourit faiblement.

—Vous n'êtes pas métaphysicien, Winston, dit-il. Jusqu'à présent, vous n'avez jamais pensé à ce que signifiait le mot existence. Je vais poser la question avec plus de précision. Est-ce que le passé existe d'une façon concrète, dans l'espace ? Y a-t-il quelque part, ou ailleurs, un monde d'objets solides où le passé continue à se manifester ?

—Non.

—Où le passé existe-t-il donc, s'il existe ?

—Dans les documents. Il est consigné.

—Dans les documents. Et… ?

—Dans l'esprit. Dans la mémoire des hommes.

—Dans la mémoire. Très bien. Nous le Parti, nous avons le contrôle de tous les documents et de toutes les mémoires. Nous avons donc le contrôle du passé, n'est-ce pas ?

—Mais comment pouvez-vous empêcher les gens de se souvenir ? cria Winston, oubliant encore momentanément le cadran. C'est involontaire. C'est indépendant de chacun. Comment pouvez-vous contrôler la mémoire ? Vous n'avez pas contrôlé la mienne !

L'attitude de O'Brien devint encore sévère. Il posa la main sur le cadran.

—Non, dit-il. C'est vous qui ne l'avez pas dirigée. C'est ce qui vous a conduit ici. Vous êtes ici parce que vous avez manqué d'humilité, de discipline personnelle. Vous n'avez pas fait l'acte de soumission qui est le prix de la santé mentale[1]. Vous avez préféré être un fou, un minus habens. L'esprit discipliné peut seul voir la réalité, Winston. Vous croyez que la réalité est objective, extérieure, qu'elle existe par elle-même. Vous croyez aussi que la nature de la réalité est évidente en elle-même. Quand vous vous illusionnez et croyez voir quelque chose, vous pensez que tout le monde voit la même chose que vous. Mais je vous dis, Winston, que la réalité n'est pas extérieure. La réalité existe dans l'esprit humain et nulle part ailleurs. Pas dans l'esprit d'un individu, qui peut se tromper et, en tout cas, périt bientôt. Elle n'existe que dans l'esprit du Parti, qui est collectif et immortel. Ce que le Parti tient pour vrai est la vérité. Il est impossible de voir la réalité si on ne regarde avec les yeux du Parti. Voilà le fait que vous devez rapprendre, Winston. Il exige un acte de destruction personnelle, un effort de la volonté[2]. Vous devez vous humilier pour acquérir la santé mentale. »

---

1. Traduction modifiée. En anglais, Orwell écrit : « You would not make the act of submission which is the price of sanity. »
2. Traduction modifiée.

« LE POUVOIR TOTAL »

1984, LE ROMAN DU TOTALITARISME

Le totalitarisme a été l'objet principal de la réflexion d'Orwell depuis les années 30. « Tout ce que j'ai écrit d'important depuis 1936, chaque mot, chaque ligne, a été écrit, directement ou indirectement, contre le totalitarisme et pour le Socialisme démocratique tel que je le conçois. »[1] Dans *1984*, Orwell a mis en scène la solitude de l'individu dans le totalitarisme, la soumission de la pensée et la destruction de la personnalité, le fétichisme du pouvoir et la toute-puissance de l'idéologie. On a souvent reproché à Orwell d'avoir exagéré l'emprise du pouvoir sur la société. Nous pensons au contraire qu'il a mis en évidence ce qui est au cœur de l'entreprise totalitaire, à savoir le rejet obsessionnel, pathologique même, psychotique, de la divergence, c'est-à-dire de la réalité et de l'expérience.

---

1. George Orwell, « Pourquoi j'écris », 1946, dans *Essais, articles et lettres*, volume 1, 1920-1940, trad. A. Krief, M. Pétris et J. Semprun, Paris, Ivrea – Encyclopédie des nuisances, 1995, p. 25. 1936 correspond à l'engagement d'Orwell dans les rangs du POUM en Espagne.

Winston travaille au Ministère de la Vérité, où il est chargé de réécrire des documents ou articles édités par le passé, afin de gommer toute divergence entre des déclarations faites par le Parti concernant l'avenir et ce qui a effectivement eu lieu plus tard. Le temps doit apparaître comme orienté vers une société meilleure, en paix et prospère. Winston a compris les rouages du régime totalitaire de l'Océania et a commencé un journal dans lequel il veut témoigner pour l'avenir de la résistance d'un homme libre à l'oppression et au mensonge. Il rencontre Julia et entretient une liaison secrète avec elle, fondée sur la haine de Big Brother. Il est arrêté et torturé pendant de longues semaines. On cherche à le rééduquer et à faire disparaître en lui toutes traces d'une pensée indépendante.

Au début du roman, Orwell décrit les Minutes de la Haine, séance dans laquelle une foule assemblée crache sa haine sur l'ennemi, figuré sur un écran par la figure du dissident Goldstein, jusqu'à la libération permise par l'apparition de Big Brother, majestueux et rassurant. « Personne n'entendit ce que disait Big Brother. C'étaient simplement quelques mots d'encouragement, le genre de mots que l'on prononce dans le fracas d'un combat. Ils ne sont pas précisément distincts, mais ils restaurent la confiance par le fait même qu'ils sont dits. Le visage de Big Brother disparut ensuite et, à sa place, les trois slogans du Parti s'inscrivirent en grosses majuscules :

LA GUERRE C'EST LA PAIX

LA LIBERTÉ C'EST L'ESCLAVAGE

L'IGNORANCE C'EST LA FORCE » [1].

Orwell montre avec ces slogans que le totalitarisme n'est pas un régime politique de domination classique, parce qu'il ne cultive pas simplement, comme les régimes policiers, le secret,

---

1. G. Orwell, *1984*, *op. cit.*, p. 30.

mais est au contraire très bavard et ne cache pas qu'il est fondé sur des manipulations et des mensonges. En effet, l'unité de la société est placée au-dessus de toute autre considération et rend légitime de faire disparaître la moindre tentation individualiste. C'est pourquoi il ne peut y avoir d'ordre social, de paix, sans une guerre perpétuelle tournée contre les ennemis de la société, intérieurs comme extérieurs. Le deuxième slogan peut être compris de deux manières. La liberté n'appartient qu'à la société, l'individu n'en bénéficie qu'en étant intégralement soumis au Parti. Pour être libre, il faut être esclave. Inversement, la liberté individuelle est assimilée à un esclavage, une solitude inconsistante, parce qu'impuissante. Enfin, le régime totalitaire dit sans détour que l'ignorance est supérieure à la connaissance, qu'il n'y a de force pour chacun que dans l'auto-persuasion – ce qu'Orwell nomme « la double pensée » –, dans l'illusion. Comme les lois idéologiques du mouvement mises en évidence par Arendt, l'affirmation de l'ignorance montre que le totalitarisme met l'existence humaine entre parenthèses et n'est possible que parce que les hommes sont empêchés de penser et d'agir et n'en ont plus la capacité ni le désir.

LE POUVOIR ILLIMITÉ

L'unité totale de la société, permise par la disparition de l'individu pensant, désirant et agissant, s'appuie sur le mensonge. Mais celui-ci n'est possible que parce que la réalité et son expérience sont écartées au profit de la fiction et de la manipulation mentale. C'est la violence systématique exercée contre l'esprit, par la propagande, le mensonge, la surveillance, la peur et la torture que met en scène Orwell tout au long du roman. *1984* a non seulement décrit les dispositifs de désolation et de conditionnement, mais il a mis en évidence qu'ils trouvaient leur source dans une mise à l'écart de nature psychotique de la réalité. Le totalitarisme s'apparente donc à une fiction qui coïncide avec la réalité, mais qui considère toute limite comme illégitime ou comme un danger pour l'existence du pouvoir. Ainsi, O'Brien, le tortionnaire de Winston, dit-il que le régime de l'Océania va au-delà de l'objectif des totalitarismes nazi et soviétique : « Le commandement des anciens despotismes était : "Tu ne dois pas." Le commandement des totalitaires était : "Tu dois." Notre commandement est : "Tu es" »[1]. Mais c'est pourtant cet objectif qu'Orwell décrit ainsi.

O'Brien montre que la mise à l'écart de la réalité est possible, parce que son expérience immédiate est récusée au profit d'un solipsisme qui décide de ce qui existe. La réalité est non pas abolie, mais déniée, c'est-à-dire qu'elle est niée, n'est pas reconnue à l'instant même où elle est perçue. « Le Parti disait de rejeter le témoignage des yeux et des oreilles. C'était le commandement final et le plus essentiel. »[2] Certes, Saint Augustin nous a appris que le passé n'existe pour la conscience que par la mémoire, mais la mémoire, en particulier quand elle est liée aux sens, ne se maîtrise pas, c'est Winston qui a raison. « Mais comment pouvez-vous empêcher les gens de se souvenir ? […] C'est involontaire. C'est indépendant de chacun. Comment pouvez-vous contrôler la mémoire ? Vous n'avez pas contrôlé la mienne ! » Le pouvoir peut bien, par le conditionnement et la peur, empêcher l'expression publique de la pensée et contrôler, dans une certaine mesure, sa formation[3].

1. G. Orwell, *1984, op. cit.*, p. 360.
2. *Ibid.*, p. 118-119.
3. « Quand dans le rêve d'une ménagère d'âge moyen le poêle en carreaux de faïence du salon se transforme en instrument de terreur, c'est manifestement parce qu'une terreur d'un autre genre préexiste. Voici son rêve : "Un SA se tient

Pourtant, elle continue d'être largement indépendante de tout contrôle, comme en témoigne la scène rocambolesque de l'arrestation de Parsons, le voisin de Winston.

> — Êtes-vous coupable ? demanda Winston.
>
> — Bien sûr, je suis coupable ! cria Parsons avec un coup d'œil servile au télécran. Vous ne pensez pas que le Parti arrêterait un innocent, n'est-ce pas ?
>
> Son visage de grenouille se calma et pris même une légère expression de dévotion hypocrite.
>
> — Le crime-par-la-pensée est une terrible chose, vieux, dit-il sentencieusement. Il est insidieux. Il s'empare de vous sans que vous le sachiez. Savez-vous comme il s'est emparé de moi ? Dans mon sommeil. Oui, c'est un fait. J'étais là à me surmener, à essayer de faire mon boulot, sans savoir que j'avais dans l'esprit un mauvais levain. Et je me suis mis à parler en dormant. Savez-vous ce qu'ils m'ont entendu dire ?
>
> Il baissa la voix, comme quelqu'un obligé, pour des raisons médicales, de dire une obscénité.

---

devant le gros poêle en carreaux de faïence bleue à l'ancienne mode qui se trouve dans un angle de notre salon et autour duquel nous nous réunissons tous les soirs pour bavarder; il ouvre la porte du poêle et celui-ci commence à énoncer d'une voix stridente et perçante [on retrouve la voix perçante, réminiscence du haut-parleur entendu dans la journée] chacune des phrases que nous avons dites contre le régime, chacune de nos plaisanteries." […] Peut-il y avoir rêve plus utile pour un régime totalitaire ? Le Troisième Reich ne pouvait installer un tel dispositif pour garantir sa sécurité dans chaque domicile mais il pouvait profiter de la peur que cela se réalise, peur qu'il avait installée en chaque individu qui commençait en quelque sorte à se terroriser lui-même, à se rendre à son insu le collaborateur volontaire du système de la terreur, en se le figurant plus systématique qu'il n'était. Le rêve du "poêle de carreaux de faïence qui parle" est dans son genre un exemple d'effacement des limites entre victime et coupables – il illustre en tout cas les possibilités sans limites de manipulation de l'homme. » (Ch. Beradt, *Rêver sous le IIIe Reich*, trad. P. Saint-Germain, Paris, Payot, 2001, p. 69-71).

—A bas Big Brother ! Oui, j'ai dit cela ! Et je l'ai répété maintes et maintes fois, paraît-il. Entre nous, je suis content qu'ils m'aient pris avant que cela aille plus loin [1].

Le pouvoir illimité est une fiction, mais une fiction elle-même bien réelle, parce que chacun peut devenir un clone de Big Brother, se surveiller lui-même et se soumettre délibérément à des illusions. O'Brien qualifie la « métaphysique » des totalitarismes de « solipsisme collectif » [2], c'est-à-dire que seul existe ce que le régime décide, puisqu'il a le pouvoir de former les pensées de chacun. « Que sont les étoiles ? dit O'Brien avec indifférence. Des fragments de feu à quelques kilomètres. Nous pourrions les atteindre si nous le voulions. Ou nous pourrions les faire disparaître. » Cette analyse de nature psychotique ne traduit pas un simple délire, qu'il soit individuel ou collectif, elle montre ce qui est à l'œuvre dans les régimes totalitaires, comme le souligne le passage qui suit. « Qu'est-ce que la science ? », disait Kang Sheng, compagnon de Mao, en 1958. « La science consiste simplement à agir avec audace. Cela n'a rien de mystérieux. » « Il n'y a aucune difficulté particulière à fabriquer des réacteurs nucléaires, des cyclotrons ou des fusées. Vous ne devriez pas avoir peur de ces choses : tant que vous agirez avec audace, vous pourrez réussir très rapidement. » [3] Le déni de la réalité est en effet la condition d'un pouvoir illimité, mais c'est par l'action concrète de produire la terreur, c'est-à-dire de faire adopter le point de vue de Big Brother sous la domination de la peur, qu'il est susceptible de se réaliser. Les régimes totalitaires font se rencontrer l'ambition la plus extrême – faire disparaître la réalité derrière la

1. G. Orwell, *1984*, *op. cit.*, p. 331-332.
2. *Ibid.*, p. 375.
3. Cité par J. Becker, *La grande famine de Mao*, *op. cit.*, p. 98.

fiction idéologique – et les moyens les plus radicaux – le conditionnement, la surveillance et la violence illimitée. Ou plutôt
ils font en sorte que la pensée autonome s'éteigne devant le fait
brut du pouvoir total.

Toutes les limites d'une domination politique inscrite dans
le monde normal sont dépassées, dès lors que la réalité a été
biffée et que non seulement l'obéissance ou la soumission sont
acquises, mais la volonté conquise. *1984* montre toutefois que
le « pouvoir total » n'est pas le pouvoir positif de former toutes
les pensées et d'être le maître de la volonté, parce qu'il est un
pouvoir fictif, en ceci qu'il n'existe qu'à l'intérieur des fantasmes de toute-puissance des hommes totalitaires. Positivement,
la réalité n'a en effet pas plus disparu que la volonté individuelle et collective, elles sont simplement niées, constamment
prises pour cibles du discours, du rappel à l'ordre et de la
terreur totalitaires et n'ont donc pas d'existence reconnais-
sable ni reconnue. Dans le roman, le pouvoir vise d'abord à
resserrer les rangs du Parti autour de la fiction, la réalité lui
importe peu dès lors qu'elle est sans effet[1].

Orwell nous montre donc que le totalitarisme est un régime
de rationalité extrême, animé par le principe que tout est un,
mais également de déraison psychotique, puisque le mensonge
et l'illusion y règnent en maîtres. Et que ces deux aspects se
soutiennent mutuellement.

---

1. « Le réel pouvoir, le pouvoir pour lequel nous devons lutter jour et nuit,
est le pouvoir, non sur les choses, mais sur les hommes. » (G. Orwell, *1984*,
op. cit., p. 375) Les prolétaires qui constituent 85 % de la population restent
ainsi en marge de l'organisation du parti et vivent de manière largement
autonome, parce que « même quand ils se fâchaient, comme ils le faisaient
parfois, leur mécontentement ne menait nulle part car il n'était pas soutenu par
des idées générales. Ils ne pouvaient le concentrer que sur des griefs personnels
et sans importance. » (*Ibid.*, p. 106).

LA « DOUBLE PENSÉE »

Winston revendique les droits du réalisme et du bon sens. La réalité existe à l'extérieur de la pensée. Il ne s'agit pas pour lui d'une question simplement théorique, mais de nature directement politique. « La liberté, c'est la liberté de dire que deux et deux font quatre. Lorsque cela est accordé, le reste suit. »[1] La réalité est en effet au principe des limites que rencontre le pouvoir politique, elle est donc la condition de toute liberté et de toute vérité[2]. Le « solipsisme collectif » revendiqué par O'Brien est la signification véritable ou le fondement du totalitarisme. Rien ne doit exister en dehors de la conscience, elle-même manipulable par le pouvoir. Le « trou de mémoire » (« *memory hole* »), qui sert à brûler les preuves de la transformation du passé dans les documents, est l'illustration technique de la soumission de la réalité à la volonté. Contrairement à l'oubli, c'est-à-dire aux lacunes de la mémoire, le « trou de mémoire » est ici volontaire et utilisé cyniquement ou de manière psychotique pour faire disparaître la réalité du passé. « O'Brien traversa la pièce. Il y avait un trou de mémoire dans le mur d'en face. Il souleva le grillage. Invisible, le frêle bout de papier tournoyait, emporté par le

1. G. Orwell, *1984*, *op. cit.*, p. 118.
2. Orwell fait de la guerre d'Espagne le moment où commence la falsification systématique de l'histoire, l'abandon du concept de vérité objective. « L'histoire s'était arrêtée en 1936. » (« Réflexions sur la guerre d'Espagne », 1942, dans *Essais, articles et lettres*, volume 2, 1940-1942, trad. A. Krief, M. Pétris et J. Semprun, Paris, Ivrea–Encyclopédie des nuisances, 1996, p. 322.) « Ce qu'il y a de vraiment effrayant dans le totalitarisme, ce n'est pas qu'il commette des atrocités mais qu'il s'attaque au concept de vérité objective : il prétend contrôler le passé aussi bien que l'avenir. » (« À ma guise », 10 février 1944, dans G. Orwell, *À ma guise. Chroniques 1943-1947*, trad. F. Cotton et B. Hoepffner, Paris, Agone, 2008, p. 81.)

courant d'air chaud et disparaissait dans un rapide flamboiement. O'Brien s'éloigna du mur. – Des cendres! dit-il. Pas
même des cendres identifiables, de la poussière. Elle n'existe
pas. Elle n'a jamais existé. "Toutefois, il a en commun avec la
défaillance de la mémoire d'être lui-même oublié, par le
processus de la double pensée (« *doublethink* »)." — Mais elle
existe encore! Elle doit exister! Elle existe dans la mémoire!
Dans la mienne! Dans la vôtre! – Je ne m'en souviens pas, dit
O'Brien. Le cœur de Winston défaillit. C'était de la double-
pensée. Il avait une mortelle sensation d'impuissance. S'il
avait pu être certain qu'O'Brien mentait, cela aurait été sans
importance. Mais il était parfaitement possible qu'O'Brien
eût, réellement, oublié la photographie. Et s'il en était ainsi, il
devait avoir déjà oublié qu'il avait nié s'en souvenir et oublié
l'acte d'oublier » [1].

Cette « double pensée » est au cœur du totalitarisme, elle
permet la négation de la réalité extérieure à la pensée, des
règles s'imposant à elle, comme le principe de non-contra-
diction, et même de l'inconscient comme dimension incontrô-
lable de la pensée, parce que résistant à l'investigation de la
conscience. « Cela s'appelait "Contrôle de la réalité". On
disait en novlangue, *double pensée*. […] Connaître et ne pas
connaître. En pleine conscience et avec une absolue bonne foi,
émettre des mensonges soigneusement agencés. Retenir
simultanément deux opinions qui s'annulent alors qu'on les
sait contradictoires et croire à toutes deux. Employer la logique
contre la logique. […] Oublier tout ce qu'il est nécessaire
d'oublier, puis le rappeler à sa mémoire quand on en a besoin,
pour l'oublier plus rapidement encore. Surtout, appliquer le
même processus au processus lui-même. Là était l'ultime

1. G. Orwell, *1984*, *op. cit.*, p. 350.

subtilité. Persuader consciemment l'inconscient, puis devenir ensuite inconscient de l'acte d'hypnose que l'on vient de perpétrer. La compréhension même du mot "double pensée" impliquait l'emploi de la double pensée. » [1]

Par l'idée de « double pensée », Orwell figure la puissance qu'a le pouvoir totalitaire de se soumettre la pensée grâce à l'organisation totale de la vie individuelle et sociale. Le sujet renonce à sa responsabilité propre et pense, dans une certaine mesure, comme on lui dit de le faire. Les règles de la logique, de la morale, les convictions personnelles n'ont alors plus cours, elles sont écartées au profit d'un fétichisme de la vérité dite par le pouvoir et de l'unité sociale. Quand toute responsabilité à l'égard de soi-même a été mise de côté, peu importent la contradiction, le mensonge, l'illusion. « La banalité du mal » théorisée par Hannah Arendt, au moment du procès Eichmann, décrit la même situation de déresponsabilisation volontaire, liée à une fascination pour le pouvoir et au fantasme de disparition de soi-même à l'intérieur du Parti ou de l'appareil d'État, fût-il criminel.

Le Grand Bond en avant maoïste (1959) donna ainsi lieu à un mensonge généralisé entre tous les échelons du pouvoir. Quand Mao venait visiter une province, on resserrait les épis de blé ou les plants de riz, pour faire croire que les récoltes abondaient, alors qu'on était en situation de famine, on falsifiait les chiffres de production, donnant ainsi raison au Chef suprême qui prévoyait de rattraper en quelques années les meilleurs pays agricoles. La double-pensée était en usage : devant la faim qui sévissait, les cadres du Parti affirmaient que les paysans cachaient de la nourriture, ils les persécutaient pour cette raison et les empêchaient d'accéder aux greniers à

1. G. Orwell, *1984*, *op. cit.*, p. 55.

grains, pleins des récoltes précédentes, alors même qu'ils pouvaient voir les cadavres joncher les rues des villages et les champs. On exportait ainsi de la nourriture, quand plus de 30 millions de Chinois étaient en train de mourir. À la mort des paysans, s'ajouta pendant plusieurs décennies le déni, prolongeant les opérations de double-pensée longtemps après la disparition de Mao. Soljénitsyne décrit des phénomènes semblables dans les camps du Goulag.

LE FANTASME ET LA FASCINATION

La double pensée est un procédé d'auto-hypnose, d'auto-hallucination, provoqué par le conditionnement mental. Pourtant, O'Brien nous apprend quelque chose de plus : l'auto-illusion est « un acte de destruction personnelle », un « effort de la volonté » et ne saurait totalement relever de la violence politique. Le totalitarisme a une caractéristique supplémentaire par rapport aux autres régimes de despotisme, il suppose l'adhésion des masses et des individus et donc un acte d'abandon de soi à la collectivité. Le mode de pensée des groupes sectaires a trouvé une réalisation inattendue, inédite et politique dans les régimes totalitaires. Par cet « acte de destruction personnelle », « de discipline personnelle », on entre en communion avec les masses totalitaires, on fait « l'acte de soumission qui est le prix de la santé mentale », qui permet de « voir la réalité », c'est-à-dire la réalité du point de vue de Big Brother. « Ce que le Parti tient pour vrai est la vérité. Il est impossible de voir la réalité si on ne regarde avec les yeux du Parti. »

Les totalitarismes ne sont pas fondés sur la seule répression. Comme ils ne peuvent se passer de l'appui des masses qu'ils mettent en mouvement, leurs membres doivent trouver un bénéfice à leur soumission, malgré la peur et la violence. Nous parlons de fantasmes pour décrire les totalitarismes comme des scènes où se sont exprimés des désirs concernant ce qui se trouve au plus profond du psychisme humain, la relation des hommes à leur propre condition. Les régimes totalitaires ont exprimé un fantasme de dissolution de soi dans une collectivité inédite par son unité et sa puissance. Orwell a montré l'implication psychique dans le régime totalitaire non seulement de ses membres, mais de ses victimes (la frontière entre les deux catégories étant souvent perméable)[1].

Après avoir été torturé pendant des semaines, Winston est confronté à l'image de son propre corps détruit : « Il s'était arrêté parce qu'il était effrayé. Une chose courbée, de couleur grise, squelettique, avançait vers lui. L'apparition était effrayante, et pas seulement parce que Winston savait que c'était sa propre image. Il se rapprocha de la glace. Le visage de la créature, à cause de sa stature courbée, semblait projeté en avant. Un visage lamentable de gibier de potence, un front découvert qui se perdait dans un crâne chauve, un nez de travers et des pommettes écrasées au-dessus desquelles les yeux étaient d'une fixité féroce. [...] Vous pourrissiez, [dit O'Brien]. Vous tombez en morceaux. Qu'est-ce que vous êtes ? Un sac de boue. [...] Subitement, tandis qu'il fixait autour de lui ses misérables haillons, un sentiment de pitié pour son corps en ruine le domina. Avant d'avoir réalisé ce qu'il faisait, il s'était écroulé sur un petit tabouret qui était à côté du lit et avait éclaté en sanglots »[2]. Cette confrontation avec sa propre faiblesse, avec sa propre destruction, avec sa propre mortalité est insupportable à Winston.

---

1. Nous devons l'analyse qui suit à la lecture que Claude Lefort a consacrée à *1984* (« Le corps interposé, *1984* de George Orwell », dans *Passé-Présent. La force de l'événement*, n° 3, Ramsay, Paris, 1984, rééd. dans *Écrire à l'épreuve du politique*, Paris, Presses Pocket, 1995, p. 16-36).

2. G. Orwell, *1984, op. cit.*, p. 381-383.

Mais, immédiatement après cette scène, O'Brien lui suggère : « —Cela ne durera pas éternellement [...] Vous pourrez vous en sortir quand vous le voudrez. Tout dépend de vous. » Pour échapper à l'angoisse de la finitude, de la mort, Winston doit faire un acte d'allégeance, renoncer totalement à lui-même, par la trahison du dernier attachement qui lui reste et qui fait de lui un être humain. « Vous avez trahi tout le monde et avoué tout. Pouvez-vous penser à une seule dégradation qui ne vous ait pas été infligée ? Winston s'était arrêté de pleurer, mais ses yeux étaient encore mouillés. Il les leva, vers O'Brien. — Je n'ai pas trahi Julia, dit-il »[1]. Julia, sa maîtresse, est l'ultime rempart de Winston contre la soumission totale au régime.

Le roman d'Orwell met en scène la secrète fascination du dissident pour le pouvoir. Winston est ambigu. Pour lutter contre le pouvoir totalitaire, il s'est en effet mis au service de la Fraternité (*Brotherhood*, le double inversé de Big Brother, dont le livre du dissident Goldstein a été écrit par O'Brien lui-même[2]), alors qu'elle exige de lui la même obéissance aveugle, inhumaine que le Parti. Il hésite entre le fantasme de toute-puissance et le respect de la condition humaine dans sa fragilité, entre l'amour de Big Brother et celui de Julia. Ainsi, dans la dernière scène de torture (psychique), où on lui attache à la tête une cage remplie de rats, en le menaçant de les laisser lui dévorer le visage, Winston crie : « Faites-le à Julia ! Faites-le à Julia ! Pas à moi ! Julia ! Ce que vous lui faites m'est égal. Déchirez-lui le visage. Epluchez-la jusqu'aux os. Pas moi ! Julia ! Pas moi ! »[3]. Trahir Julia, c'est renoncer à l'amour

1. G. Orwell, *1984*, *op. cit.*, p. 384.
2. *Ibid.*, p. 369.
3. *Ibid.*, p. 402.

mortel, au corps humain, au profit de la fascination pour l'unité et du fantasme de dissolution dans le collectif. Orwell a ainsi exprimé que le totalitarisme signifiait et supposait la disparition de la subjectivité autant que de la vérité objective, constituait le triomphe d'une fiction sociale où la réalité autant que la pensée ont été mises entre parenthèses et l'ordre fétichisé. « La lutte était terminée. Il avait remporté la victoire sur lui-même. Il aimait Big Brother » [1].

---

1. G. Orwell, *1984*, *op. cit.*, p. 417.

TABLE DES MATIÈRES

DANS LA MÊME COLLECTION

Achevé d'imprimer par Corlet, Imprimeur, S.A. - 14110 Condé-sur-Noireau
N° d'Imprimeur : 167031 - Dépôt légal : septembre 2014 - *Imprimé en France*